Die rechtliche Natur

der

subsidiarischen

Vertretungsverbindlichkeit

dritter Personen

nach den

Zoll- und Steuer-Gesetzen des deutschen Reichs.

Von

Dr. jur. Julius Haimann.

München.
Verlag von J. Schweitzer.
1892.

Inhaltsübersicht.

Einleitung.

In den neuesten Zoll- und Steuergesetzen des Deutschen Reiches findet sich das Rechtsinstitut der subsidiarischen Vertretungsverbindlichkeit dritter Personen für die von dem „eigentlich Schuldigen" verwirkten Strafen.

Es herrscht schon seit langem sowohl in der Theorie als in der Praxis Streit darüber, nach welchen Grundsätzen diese Vertretungsverbindlichkeit zu behandeln sei, ob nach denen des Civilrechts oder Strafrechts. Auch ist nicht zu leugnen, daß dieses Institut auf den ersten Blick seine Wurzeln in beide Rechtssphären einzugraben und daher dessen Konstruktion nicht geringe Schwierigkeiten zu bieten scheint. Ein auf diesem Gebiete arbeitender Schriftsteller hat daher auch die subsidiarische Vertretungsverbindlichkeit als „undenkbares Rechtsgebilde" erklärt.[1])

Aufgabe dieser Darstellung soll es sein, zu untersuchen, welche systematische Stellung im Rechte dasselbe einnimmt, und aus dieser Stellung die wichtigsten Normen abzuleiten, nach denen der Richter bei Anwendung der Bestimmungen über die subsidiarische Vertretungsverbindlichkeit zu verfahren hat.

Auf die hierher gehörige Litteratur wird im Laufe der Abhandlung zu verweisen sein. Die nach Fertigstellung dieser Schrift,

---

[1]) Kronecker, Beitrag zur Lehre von der Geldstrafe. Goldtammer, Archiv für Strafrecht. Bd. XXVIII, S. 16.

deren Drucklegung durch besondere Umstände verzögert wurde, erschienenen Aufsätze von Amtsrichter Dr. Leverkühn[1]) und Rechtsanwalt Dr. Engels[2]) sind in Form von Anmerkungen noch berücksichtigt worden.

---

[1]) Diese subsidiarische Haftbarkeit für Geldstrafen Dritter nach Reichsrecht und Preußischem Recht. Archiv für Strafrecht. Bd. XXXVIII, S. 290 ff.

[2]) Der strafrechtliche Charakter der subsidiarischen Haftbarkeit für die Geldstrafen Dritter. Zeitschrift für die gesamte Strafrechtswissenschaft. Bd. XII, S. 127 ff.

I. Abschnitt.

§ 1.

Zusammenstellung der Bestimmungen über die subsidiarische Vertretungsverbindlichkeit dritter Personen nach den Zoll- und Steuergesetzen des Deutschen Reiches.

Der Inhalt dieser Vertretungsverbindlichkeit ist kurz der, daß für die von dem „eigentlich Schuldigen" durch ein Zoll- oder Steuerdelict verwirkten Geldstrafen andere Personen, die in einem bestimmten Autoritätsverhältniß zu jenem stehen, für den Fall haften, daß diese Strafen von dem „eigentlich Schuldigen" nicht beigetrieben werden können und die zuständige Behörde beschließt, die etwa verwirkte Freiheitsstrafe an demselben nicht zum Vollzug zu bringen.

Diese Bestimmungen sind sämmtlichen Reichsgesetzen, die hieher gehören, gemeinsam. Dagegen weichen dieselben bezüglich der Voraussetzungen der Vertretungsverbindlichkeit wesentlich von einander ab.

Es soll daher hier zunächst eine kurze, chronologische Zusammenstellung der in den einzelnen Zoll- und Steuergesetzen des Deutschen Reiches, bezw. des Norddeutschen Bundes über die subsidiarische Vertretungsverbindlichkeit geltenden Vorschriften folgen.

1. Für die diesbezüglichen Steuergesetze ist das Gesetz „betr. die subsidiarische Haftung des Brennerei-Unternehmers für Zuwiderhandlung gegen die Branntweinsteuergesetze durch Verwalter, Gewerbsgehilfen und Hausgenossen vom 8. Juli 1868" gewissermaßen als Schema zu betrachten, weshalb die wörtliche Wiedergabe der hieher gehörigen §§ 1 bis 4 folgen möge:

§ 1

Wer Brennerei treibt, haftet, was die durch die Branntweinsteuergesetzgebung verhängten Geldstrafen betrifft, mit seinem Vermögen für seine Verwalter, Gewerbsgehilfen, sowie für diejenigen Hausgenossen, welche in der Lage sind, auf den Gewerbebetrieb Einfluß zu üben, wenn:

1. Diese Geldstrafen von dem „eigentlich Schuldigen" wegen Unvermögens nicht beigetrieben werden können und zugleich

2. Der Nachweis erbracht wird, daß der Brennereitreibende bei Auswahl und Anstellung der Verwalter und Gewerbsgehilfen oder bei Beaufsichtigung derselben, sowie der eingangs bezeichneten Hausgenossen fahrlässig, d. h. nicht mit der Sorgfalt eines ordentlichen Geschäftsmannes zu Werke gegangen ist. Als solche Fahrlässigkeit gilt insbesondere die wissentliche Anstellung, bezw. Beibehaltung eines wegen Branntweinsteuer-Defraudation bereits bestraften Verwalters oder Gewerbsgehilfen, falls nicht die oberste Finanzbehörde die Anstellung, bezw. Beibehaltung eines solchen genehmigt.

Ist ein Brennereitreibender, welcher nach den Bestimmungen dieses Gesetzes subsidiarisch in Anspruch genommen wird, bereits wegen einer von ihm selbst in der nachgewiesenen Absicht der Steuerverkürzung begangenen

Branntweinsteuerdefraudation bestraft, so hat derselbe die Vermuthung fahrlässigen Verhaltens so lange gegen sich, als er nicht nachweist, daß er bei Auswahl und Anstellung, bezw. Beaufsichtigung seines eingangs erwähnten Hilfspersonals die Sorgfalt eines ordentlichen Geschäftsmannes angewendet hat.

§ 2.

Hinsichtlich der infolge einer Zuwiderhandlung gegen die Vorschriften der Branntweinsteuergesetzgebung vorenthaltenen Steuer haftet der Brennereitreibende für die in § 1 bezeichneten Personen mit seinem Vermögen, wenn die Steuer von dem „eigentlich Schuldigen" wegen Unvermögens nicht beigetrieben werden kann. In denjenigen Fällen jedoch, in welchen die Berechnung der vorenthaltenen Steuer lediglich auf Grund der in der Branntweinsteuergesetzgebung vorgeschriebenen Vermuthungen erfolgt, tritt die subsidiarische Haftbarkeit nur unter den durch § 1, Nr. 2 bestimmten Voraussetzungen ein.

§ 3.

Zur Erlegung von Geldstrafen auf Grund der subsidiarischen Haftung in Gemäßheit der Vorschriften des § 1 dieses Gesetzes kann der Brennereitreibende nur durch richterliches Erkenntniß verurtheilt werden. Dasselbe gilt für die Erlegung der vorenthaltenen Steuer, welche auf Grund der in der Branntweinsteuergesetzgebung vorgeschriebenen Vermuthungen berechnet wird.

§ 4.

Die Befugniß der Steuerverwaltung, statt der Einziehung der Geldbußen von dem subsidiarisch Verhafteten und unter Verzicht hierauf die im Unvermögensfalle an die Stelle der Geldbuße zu verhängende Freiheitsstrafe sogleich an dem „eigentlich Schuldigen" vollstrecken zu lassen, wird durch die vorstehenden Bestimmungen nicht berührt.

2. Wörtlich stimmt hiemit überein §§ 66 des Branntweinsteuergesetzes für verschiedene zum norddeutschen Bund gehörige Staaten und Gebietstheile vom gleichen Tage. Nur lautet hier die Überschrift „Vertretungsverbindlichkeit für verwirkte Geldstrafen".[1])

Vollständig diesen beiden Gesetzen nachgebildet ist ferner

3. Das Gesetz betr. die subsidiarische Haftung des Brauereiunternehmers für Zuwiderhandlung des Verwalters rc. vom 8. Juli 1868.

4. Für die Zollgesetzgebung ist noch heute bezüglich unseres Rechtsinstitutes § 153 des Vereinszollgesetzes vom 1. Juli 1869 einzig und allein maßgebend. Derselbe lautet: Subsidiarische Vertretungsverbindlichkeit dritter Personen.

1. Handel- und Gewerbetreibende haben für ihre Diener, Lehrlinge, Markthelfer, Gewerbsgehilfen, Ehegatten, Kinder, Gesinde, und die sonst in ihrem Dienste oder Taglohn stehenden oder sich gewöhnlich bei der Familie aufhaltenden Personen,
2. Eisenbahnverwaltungen und Dampfschiffahrtsgesellschaften für ihre Angestellten und Bevollmächtigten,
3. andere nicht zur handel- und gewerbetreibenden Klasse gehörende Personen aber nur für ihre Ehegatten und Kinder rücksichtlich der Geldbußen, Zollgefälle und Proceßkosten zu haften, in welche die solchergestalt zu vertretenden Personen wegen Verletzung der zollgesetzlichen oder Zollverwaltungsvorschriften verurtheilt worden sind, die sie bei Ausführung der ihnen von den subsidiarisch Verhafteten übertragenen oder ein- für allemal überlassenen Handels-, Gewerbs- und anderen Verrichtungen zu beobachten hatten.

---

[1]) Der Grund der Wiederholung dieser Bestimmungen liegt darin, daß das sub 2 citirte Gesetz nur in einem Theile des Deutschen Reiches Geltung hat, weshalb dieselben durch das sub 1 citirte Gesetz auf das ganze Reichsgebiet ausgedehnt wurden.

Der Zollverwaltung bleibt in dem Falle, wenn die Geldbuße von dem Angeschuldigten nicht beigetrieben werden kann, vorbehalten, die Geldbuße von dem subsidiarisch Verhafteten einzuziehen, oder statt dessen und mit Verzichtung hierauf die im Unvermögensfalle an die Stelle der Geldbuße tretende Freiheitsstrafe sogleich an dem Angeschuldigten vollstrecken zu lassen.

Weisen indessen die unter 1 und 3 bezeichneten subsidiarisch Verhafteten nach, daß das Zollvergehen ohne ihr Wissen verübt worden, so haften sie nur für die Zollgefälle.

Die Bestimmungen des § 153 des Vereinszollgesetzes finden jetzt auch auf die subsidiarische Vertretungsverbindlichkeit gemäß § 17 des Gesetzes vom 12. Oktober 1867 betr. die Erhebung einer Abgabe von Salz Anwendung.

5. § 38 des Gesetzes wegen Erhebung der Brausteuer vom 31. Mai 1872 hat die wesentlichen Bestimmungen des Gesetzes betr. die subsidiarische Haftung des Brauereiunternehmers vom 8. Juli 1868 herübergenommen.

6. Das nächste Gesetz, das eine Bestimmung über unser Rechtsinstitut enthält, ist das Gesetz betr. den Spielkartenstempel vom 8. Juli 1878, § 18. Hiernach sollen Kartenfabrikanten und -Händler für die von ihren Dienern, Lehrlingen, Gewerbsgehilfen und Familienmitgliedern nach diesem Gesetze verwirkten Geldstrafen subsidiarisch haften; es soll jedoch beim Nachweise des Nichtwissens um das Vergehen sich die Haftung auf die Spielkartenabgabe beschränken.

7. Das Gesetz vom 16. Juli 1879 betr. die Besteuerung des Tabaks, statuirt gleichfalls eine subsidiarische Vertretungsverbindlichkeit dritter Personen, indem § 43 bestimmt, daß der Tabakpflanzer für seine Untergebenen hinsichtlich der Geldstrafen, der Steuern und Prozeßkosten und beim Nachweise des Nichtmitwissens hinsichtlich der Steuern zu haften habe. Bezüglich des zur Verwiegung zu stellenden Tabaks haftet derselbe für die in

Folge einer unerlaubten Handlung oder Unterlassung der zu vertretenden Person vorenthaltene Steuer, sofern dieselbe von dem eigentlich Schuldigen nicht beigetrieben werden kann.

8. § 4 des Gesetzes betr. die Steuerfreiheit des Branntweins vom 19. Juli 1879 verweist hinsichtlich der Vertretungsverbindlichkeit auf das Gesetz betr. die subsidiäre Haftung des Brennereiunternehmers vom 8. Juli 1868.

9. § 17 des Gesetzes betr. die Statistik des Warenverkehrs des deutschen Zollgebiets mit dem Auslande vom 20. Juli 1879 verweist hinsichtlich der subsidiären Vertretungsverbindlichkeit auf § 153 des Vereinszollgesetzes.

10. Art. I, § 5, Absatz 3 des Gesetzes die Besteuerung des Zuckers betr. vom 1. Juni 1886 bestimmt, daß der Lagerinhaber subsidiarisch für seine Gewerbsgehilfen und die in seinem Dienste oder Taglohne stehenden Personen rücksichtlich der Geldstrafen, Gefälle und Proceßkosten, in welche die zu vertretenden Personen wegen Defraudation und wegen der Verletzung der Verwaltungs-Vorschriften verurtheilt worden sind, zu haften habe.

11. § 32 des Gesetzes vom 24. Juni 1887 betr. die Besteuerung des Branntweins statuirt eine Haftung der Gewerbe- und Handeltreibenden einschließlich der Brennereibesitzer für die im § 66 des Gesetzes vom 8. Juli 1868 bezeichneten Personen und verweist auf die Vorschriften dieses Paragraphen hinsichtlich der Haftung für die Geldstrafen wegen Verletzung der die Gebrauchsabgabe betreffenden Vorschriften dieser Gesetze und die in Gemäßheit derselben erlassenen Verwaltungsvorschriften seitens der zu vertretenden Personen für den Fall, daß die Gewerbetreibenden es unterlassen haben, die zu vertretenden Personen von der Zuwiderhandlung gegen diese Vorschriften abzuhalten.

Im Falle der wissentlichen Anstellung oder Beibehaltung eines wegen Branntweinsteuerdefraudation bereits bestraften Verwalters oder Gewerbsgehilfen sollen die weitergehenden Bestimmungen des § 66 des Gesetzes vom 8. Juli 1868 Anwendung finden.

Dagegen enthält § 55 des Gesetzes die Besteuerung des Zuckers betr. vom 9. Juli 1887 genau dieselben Grundsätze wie der oben angeführte § 66.

§ 2.

Verwandte Bestimmungen in deutschen Landesgesetzen.

In den Landesgesetzen haben ähnliche Bestimmungen wie die über die subsidiarische Vertretungsverbindlichkeit gleichfalls eine ziemliche Verbreitung erlangt und finden sich hier nicht nur auf dem Gebiete der Zoll- und Steuergesetzgebung, sondern vor Allem auch in den Jagd-, Fischerei- und Forstgesetzen.

Als eigentliche Heimat ist die preußische Gesetzgebung zu nennen, und sind folgende Gesetzesstellen als hieher gehörig zu erwähnen:

§ 19 des Jagdpolizeigesetzes vom 7. März 1850.

§ 52 des Fischereigesetzes vom 30. März 1867.

§ 52 des Fischereigesetzes vom 30. März 1874.

§ 21 der Jagdverordnung für Nassau vom 30. März 1874.

Bei all diesen Gesetzen wird vorausgesetzt, daß der subsidiär für seine Angehörige Haftende sich dieser als Theilnehmer bei der von ihm selbst verübten Jagd- oder Fischereicontravention bedient hat.

Auch ohne diese Voraussetzung haftet der Vertretungsverbindliche nach § 7 des Gesetzes vom 5. Juli 1844 über die Beschränkung der Nachtweide ꝛc. in der Rheinprovinz, nach § 13 des Gesetzes vom 8. März 1879 betr. die Rheinschiffahrtsgerichte, des § 7 des Gesetzes vom 9. März 1879 betr. die Elbzollgerichte, § 31 Abs. 1 des Gesetzes vom 15. Juni 1885 betr. wegepolizeiliche Vorschriften für die Provinz Schleswig-Holstein. Am meisten beeinflußt von den reichsgesetzlichen Bestimmungen über subsidiarische Vertretungsverbindlichkeit sind § 11, Abs. 1 und 2 des Gesetzes betr. den Forstdiebstahl vom 15. April 1878 und der damit übereinstimmende § 5, Abs. 1 des preußischen Feld- und Forstpolizeigesetzes vom 1. April 1880. Es heißt dort: „Für die Geldstrafe, deren Werthersatz auch die Kosten, zu denen Personen verurtheilt werden, welche unter der Gewalt, der Aufsicht oder im Dienst eines andern stehen und zu dessen Hausgenossenschaft gehören, ist letzterer im Falle des Unvermögens des Verurtheilten für haftbar zu erklären, und zwar unabhängig von der etwaigen Strafe, zu welcher er selbst auf Grund dieses Gesetzes oder des § 361 Z. 9 des Strafgesetzbuches verurtheilt wird."

Wird festgestellt, daß diese That nicht mit seinem Wissen verübt ist oder daß er sie nicht verhindern konnte, so wird die Haftbarkeit nicht ausgesprochen." [1])

Ein ähnliches Rechtsinstitut ist die in bayerischen Gesetzen vorkommende Civilverantwortlichkeit. Hienach haften gewisse dritte Personen für Geldstrafen, Werth, Schadensersatz und Kosten, jedoch mit der Beschränkung, daß sie von jeder Civilverantwortlichkeit frei sind, indem sie darthun, daß sie das Delict nicht verhindern konnten. Hierher gehört Art. 69 des Forstgesetzes vom 28. Mai 1852, Art. 13 und Art. 27 des revidirten Forststrafgesetzes für die Pfalz vom 2. Oktober 1879. Ebenso findet sich im Art. 122 des Polizeistrafgesetzbuches für Bayern vom 26. December 1871 eine unbeschränkte Haftung von Eltern, Pflegeeltern und Dienstherrschaften für Kosten, Geldbußen und Entschädigungen, die durch Feldfrevel von ihren Gewaltuntergebenen verwirkt worden sind.

Ähnliche Haftverbindlichkeiten finden sich noch in zahlreichen Gesetzen, die die Erhebung directer Steuern betreffen. Besonders haben nach den Einkommensteuergesetzen Erben für die

---

[1]) Dr. Engels l. c. S. 136 ff. weist an der Hand der Entstehungsgeschichte des § 11 des Forstdiebstahlgesetzes, sowie aus den Motiven zu § 5 des Feld- und Forstpolizeigesetzes (Anl. zu den stenogr. Berichten über die Verhandlungen des Hauses der Abgeordneten, 1. Session, 1879/80, Bd. 1, S. 354) nach, daß der Gesetzgeber hier eine strafrechtliche Norm schaffen wollte.

durch Einkommensteuerdelicte ihrer Erblasser verwirkten Geldstrafen zu haften.[1])

Alle diese landesgesetzlichen Bestimmungen können aber im Laufe dieser Abhandlung deshalb nicht berührt werden, weil sämmtliche in Frage kommenden Rechtsinstitute auf einer ganz anderen historischen und rechtlichen Grundlage beruhen.[2])

---

[1]) Solche Haftungen bestehen z. B. nach den Einkommensteuergesetzen von Weimar, Würtemberg, der beiden Reuß.

[2]) Es geht daher nicht an, die Bestimmungen der preußischen Gesetze mit denen der Reichsgesetzgebung zusammenzuwerfen und die für die strafrechtliche Natur der letzteren gefundenen Argumente auch auf die ersteren anzuwenden, wie dies Engels l. c. und Leverkühn l. c. thun. Es soll in dieser Richtung nur angeführt sein, daß z. B. das Hauptargument Engels — die fiskalische Natur der reichsgesetzlichen Bestrebungen — auf die preußische Gesetzgebung in keiner Weise Anwendung finden kann.

II. Abschnitt.

Ansichten der Theorie und Praxis.

§ 1.

Eintheilung.

Wenngleich eine ausführlichere Bearbeitung des hier behandelten Rechtsinstitutes sich in der Literatur nicht findet, sind doch über die rechtliche Natur desselben die verschiedensten und sich widersprechendsten Ansichten aufgestellt worden. Man kann die Anhänger der einzelnen Theorieen in drei Gruppen theilen. Die erste Gruppe setzt sich aus den Verfechtern der civilrechtlichen Natur der subsidiären Vertretungsverbindlichkeit dritter Personen zusammen. Die zweite Gruppe hält diese für ein Institut des Strafrechts. Die dritte Gruppe nimmt eine vermittelnde Stellung ein und erklärt sich weder für das eine noch für das andere Gebiet.

§ 2.

a) Anhänger der Civilrechtstheorie.

Als Hauptvertreter der civilrechtlichen Natur „der subsidiären Haftung dritter Personen für die von dem Schuldigen verwirkten Geldstrafen" tritt Liszt in seinem Lehrbuche des deutschen Strafrechts, 3. Aufl., Seite 236, auf.

Liszt argumentirt folgendermaßen: Nur der Verbrecher kann und soll mit der Strafe getroffen werden; hier würde jedoch ein Unschuldiger und nicht der Verbrecher Strafe erleiden. Die subsidiäre Haftung ist daher als „eine besondere aus öffentlich-rechtlichen (finanziellen) Gründen erfolgte Ausgestaltung der civilen Haftung für fremde Schuld aufzufassen. — Liszt zieht dann hieraus weiter den Schluß, daß auf dieses Rechtsinstitut die sämmtlichen Grundsätze des Civilrechts selbst hinsichtlich der Verjährung, Begnadigung ꝛc. anzuwenden seien.

Ohne weitere Ausführung erklärt Oppenhoff die subsidiarische Vertretungsverbindlichkeit als civilrechtliche Haftung.[1]) Ebenso Weingart.[2])

Dieser Ansicht schließt sich im Wesentlichen auch Franz Meisel an[3]); er betont, daß die vermögensrechtliche Haftung für fremde Steuerschuld und fremdes Steuerunrecht ein im Finanzwesen unentbehrliches Institut des Finanzrechts sei, das seine Quelle und seinen Ursprung in Rechtsbegriffen über civile Schuld und Verantwortung habe. Ganz analog sei ja die Haftung des Kaufmanns für seine Prokuristen. Die subsidiäre Haftung trage nicht den Makel der Strafwürdigkeit

Während Meisel sein Urtheil vom allgemeinen rechtsphilosophischen Standpunkte aus gibt, gehen andere österreichische Schriftsteller, wie Theodor Eglauer[4]) und Dr. J. Blonski[5]) von

---

[1]) Oppenhoff, Das Strafgesetzbuch für das Deutsche Reich. 11. Aufl. Note 25 zu § 2 und Note 8 zu § 47.

[2]) Weingart, „Über Anwendung der allgemeinen Grundsätze von dolus und culpa" ꝛc. in der Allgem. Ger.-Zeitung für das Königreich Sachsen. Jahrgang XXIII. S. 179.

[3]) Vgl.: Franz Meisel, „Unrecht und Zwang im Finanzwesen". Seite 40 ff. Finanzarchiv, Jahrg. 1888.

[4]) Theodor Eglauer, Das österreichische Steuerstrafrecht. Innsbruck 1886, Seite 169 ff.

[5]) Vergl. Anm. 1 zur Überschrift des II. Hauptstückes der von Dr. J. Blonski besorgten Manz'schen Ausgabe des Gefällstrafgesetzes.

der im österreichischen Gefällstrafgesetzbuche vorkommenden „persönlichen Haftung" für die einem andern auferlegte Geldstrafe aus, welches Institut übrigens im Wesentlichen mit dem unsrigen übereinstimmt.

Beide Schriftsteller erklären dasselbe übereinstimmend für eine Nachbildung der privatrechtlichen Haftpflicht ohne die Zugehörigkeit zum Privatrecht juristisch zu begründen.

Zum Schlusse sei in dieser Gruppe noch Prof. Dr. Karl Binding[1]) erwähnt, der in früherer Zeit die subsidiarische Vertretungsverbindlichkeit als „civilistische Haftung für Forderungen des Fiscus" erklärte. Auf die heutige Ansicht Bindings werden wir später zurückzukommen haben.

§ 3.

b) Anhänger eines gemischten Systems.

Der zweiten Gruppe, die die subsidiäre Vertretungsverbindlichkeit weder ganz dem Civilrecht noch ganz dem Strafrecht zutheilt, gehört Dr. Ernst Löbe[2]) an. Er erklärt dieselbe als „ein eigenthümliches Product positiver Gesetzgebung", das weder in den allgemeinen strafrechtlichen Grundsätzen noch in den civilrechtlichen Grundsätzen über die Haftung für fremde Handlungen seine Begründung findet.

Ein weiterer Anhänger dieser allerdings etwas verschwommenen Richtung ist Theodor Borchert.[3]) Derselbe argumentirt: Wenn ein Institut dem Strafrecht angehören soll, muß auch eine strafrechtliche Verantwortlichkeit stattfinden. Diese beruht aber auf dem Begriffe der Zurechnung. Von Zurechnung kann aber nicht

---

[1]) Karl Binding: „Die Normen und ihre Übertretung", Leipzig 1877, Bd. 2, Seite 614.

[2]) Dr. Ernst Löbe: „Das deutsche Zollstrafrecht". Leipzig 1890. 2. Auflage.

[3]) Theodor Borchert: „Die strafrechtliche Verantwortlichkeit für Handlungen Dritter." S. 1 ff.

die Rede sein, weil die Haftbarkeit häufig ohne den Nachweis einer besonderen Verschuldung auf Seite des Verhafteten ausgesprochen werden muß, und sogar strafrechtlich nicht willensfähige Personen — nämlich juristische Personen — für subsidiarisch haftbar erklärt werden. Dagegen führt die Absprechung des Strafcharakters zu bedenklichen Consequenzen, da dann auch die strafrechtlichen Grundsätze über Verjährung ꝛc. nicht anwendbar sind.

Die gleiche Meinung drückt Kronecker[1]) aus. Derselbe erklärt auf Seite 16 diese Haftung als ein Institut des Civilrechts. Der Staat vollstrecke die Geldstrafe gegen einen Dritten, einen Unschuldigen.

Einige Zeilen weiter erklärt er diese Vertretungsverbindlichkeit für ein undenkbares Rechtsgebilde, und etwas später als Strafe, da die Vermuthung einer Komplicität vorliege.

Gegen die strafrechtliche Natur führt er an, daß ein Verstoß gegen das Princip ne bis in idem vorliegen würde, da der subsidiär Haftende aus § 361, Nr. 9 des Reichsstrafgesetzbuches und aus dem Steuergesetze bestraft würde. Hier ist endlich Meyer[2]) zu nennen, der der subsidiarischen Haftung mittelbar die Bedeutung einer Strafe beimißt, sie jedoch unmittelbar nicht als Strafe, sondern als privatrechtliche Verpflichtung ansieht.

§ 4.

c) Anhänger der Strafrechts-Theorie.

Diese dritte Gruppe spricht sich unbedingt dafür aus, daß die subsidiäre Vertretungsverbindlichkeit für Strafen in Zoll- und Steuersachen in das Gebiet des Strafrechts zu stellen sei. Ihr gehören an Binding und Merckel, in neuester Zeit auch Leverkühn

---

[1]) Kronecker, „Beitrag zur Lehre von der Geldstrafe". Goldtammer, Archiv für Strafrecht, Bd. XXVIII. Seite 9 ff.

[2]) Meyer, Lehrbuch. 4. Aufl. S. 7. Vergl. jedoch 3. Aufl., S. 155.

und Engels. Binding[1]) geht davon aus, daß die fraglichen Bestimmungen durchaus nicht bezwecken, die Strafe auf einen Unschuldigen zu übertragen, sondern sämmtlich entweder den Nachweis einer culpa in eligendo verlangen oder den Charakter einer Schuldpräsumtion in sich tragen.

Merkel[2]) schließt sich den Ausführungen Bindings vollständig an.

Leverkühn betrachtet zwar die subsidiarische Haftbarkeit als materiell-rechtliche Strafbarkeit, erklärt es jedoch als Proceßvoraussetzung, daß ein undurchführbarer Strafanspruch gegen den Hauptschuldigen besteht.

Engels nimmt strafrechtliche Haftung ohne weitere Unterscheidung, sohin auch für Steuern und Gefälle an.

§ 5.

Ansicht des deutschen Reichsgerichts.

Zuletzt sei noch der Standpunkt, den das deutsche Reichsgericht zu dieser Frage einnimmt, erwähnt. Die Ansicht des Reichsgerichts einer bestimmten Gruppe unterzuordnen, ist deshalb unmöglich, weil sich aus den Erkenntnissen desselben eine ganze Blumenlese von verschiedenen Meinungen zusammenstellen läßt. Nach einem Erkenntnisse des III. Strafsenats vom 24. März 1880 (Rspr. Bd. 1, S. 308 ff.; Entsch. Bd. 1, S. 334 ff.) „nähert sich die subsidiäre Haftung der strafrechtlichen Haftung".

Nach einem Urtheil des gleichen Strafsenats vom 6. November 1880 (Entsch. Bd. 3, S. 105 ff.; Rspr. Bd. 2, S. 461 ff.) „erscheint die subsidiarische Verhaftung des Gewerbtreibenden als ein eigenthümliches Product positiver Gesetzgebung, die weder in

---

[1]) Karl Binding, Handbuch des Strafrechts. Bd. 1. § 105. Leipzig 1885.

[2]) Merkel, Lehrbuch des Deutschen Strafrechts. S. 174.

den allgemeinen strafrechtlichen Grundsätzen über Zurechnung noch in den civilrechtlichen Grundsätzen über Haftung für fremde Handlungen ihre Begründung hat."

In der Sache entscheiden beide Erkennntisse entgegengesetzt. Das erste schließt die subsidiäre Vertretungsverbindlichkeit aus, wenn der Unternehmer wegen Theilnahme an dem nämlichen Reate verurtheilt ist, das zweite läßt eine Verurtheilung wegen Theilnahme und zugleich wegen subsidiärer Haftung zu.

Eine Entscheidung des Reichsgerichts vom 25. Nov. 1882 (Entsch. Bd. 6, S. 382) spricht aus, daß der hier in Frage kommende Begriff der Fahrlässigkeit nicht der der Fahrlässigkeit im strafrechtlichen Sinne sei, spricht aber trotzdem immer von dem „Angeklagten".

Auf diese Entscheidung verweist ein Urtheil des III. Strafsenats vom 7. Juni 1883 (Rspr. Bd. 5, S. 411 ff.; Entsch. Bd. 8, S. 362 ff.), welches ausführt, daß die subsidiarische Vertretungsverbindlichkeit auf besonderen gesetzlichen Pflichten der Diligenz hinsichtlich der Auswahl des Personals ꝛc. beruhe.

Dieser Entscheidung steht endlich ein Urtheil des III. Strafsenats vom 23. Mai 1887 (Rspr. Bd. 12, S. 330 ff.) entgegen. Darnach ist „der Eintritt der subsidiären Verpflichtung eine strafrechtliche Folge und ein jene Person treffendes Strafübel."

Fast ebenso schwankend, wie die Rechtsprechung des Reichsgerichts ist, war die Praxis des preußischen Obertribunals. Während dasselbe in einem Plenarbeschluß vom 25. Mai 1857 (Entsch. des Obertribunals Bd. 36, S. 443 ff.) und in einem Beschluß vom 4. Juli 1861 (Goltdammer, Archiv, Bd. IX, S. 690) die subsidiarische Vertretungsverbindlichkeit als Strafe erklärt, nimmt es in einem Urteil vom 23. September 1870 (Oppenhoff, Rechtspr. Bd. 11, S. 474) Civilhaftbarkeit an.

Als Resultat vorstehender Zusammenstellung der Ansichten sowohl der Theorie als der Praxis dürfte jedenfalls sich ergeben, daß große Unklarheit selbst über die Grundbegriffe dieses Rechtsinstitutes besteht.

Aufgabe der nachfolgenden Darstellung soll es nun sein, den Nachweis sowohl auf historischem als dogmatischem Wege zu versuchen, daß die subsidiäre Vertretungsverbindlichkeit in ihrer heutigen Gestalt voll und ganz dem Gebiete des Strafrechts einzuverleiben ist.

III. Abschnitt.

Geschichtliche Entwicklung.

Die Vertretungsverbindlichkeit dritter Personen, die in einem gewissen Autoritätsverhältnis zu dem „eigentlich Schuldigen" stehen, hat einen ausgebreiteten Rechtsboden schon im Gebiete des alten Germanischen Rechts gefunden [1]). So haftete der Herr, der seine Untergebenen nicht vor Gericht stellen wollte, ebenso für die von diesen begangenen Delikte, als hätte er dieselben in eigener Person verübt [2]). Noch weiter geht die sogenannte Friedensbürgschaft [3]), welche im Mittelalter sich häufig findet. Hienach verbürgt sich Jemand der Obrigkeit gegenüber dafür, daß eine dritte Person keinen Friedensbruch verübt. Geschieht dies doch, so verfällt der Friedensbürge der Strafe. Da nun der Schwabenspiegel 218 ausdrücklich bestimmt, daß die vom eigentlichen Verbrecher verwirkte peinliche Strafe am Friedensbürgen vollzogen werden soll, so ist bei der Fühlbarkeit dieser Prozedur der Gedanke an eine civilistische Haftung ausgeschlossen.

---

[1]) Eine ausführlichere Darstellung hierüber findet sich bei Stobbe: „Handbuch des deutschen Privatrechts" Bd. 3, S. 388 ff.

[2]) Vgl. lex Fris. I. 22, IX. 17, lex Rib. 22.

[3]) Vgl. Schwabensp. 218, Sachsensp. III. 9, § 2, ferner: Schierlinger, Die Friedensbürgschaft, Erlangen 1877. Richard Löning, Vertragsbruch Bd. 1, S. 494 ff.

Entsprechend dem objectiven Charakter unseres ältesten deutschen Strafrechts war bei all diesen Bestimmungen der Nachweis einer Verschuldung nicht erforderlich. Doch wurde auch schon auf die Verschuldung Rücksicht genommen. Denn ebenso wie in den meisten unserer Steuergesetze der Vertretungsverbindliche sich von der Haftung durch den Nachweis des Nichtwissens um das Steuerdelikt befreien kann, wurde auch der Herr, dessen Knecht entflohen war von der Haftung für die durch die Delikte dieses Knechtes verwirkten Strafen frei, wenn er den Beweis führte, daß das Delikt ohne seinen Willen geschehen war[1]).

Auch die Haftung von Korporationen findet sich in den deutschen Rechtsbüchern bereits, da Geschlechter für Delikte ihrer Geschlechtsgenossen, Gemeinden für Verbrechen ihrer Gemeindeangehörigen haften.

Das älteste deutsche Zollgesetz, das uns überliefert ist, dürfte die Zollordnung[2]) sein, die z. Z. König Ludwigs des Kindes für die Donauzölle aufgestellt wurde. Hierin findet sich folgende Bestimmung: „Entrichtet aber jemand den gesetzlichen Zoll nicht, so verliert er, wenn er ein Freier ist, Schiff und Ladung, ist er aber der Knecht eines andern, so wird er festgehalten, bis sein Herr die Strafe bezahlt hat". Es findet sich also schon im ältesten Zollgesetze für durch Zollvergehen verwirkte Strafen eine subsidiäre Vertretungsverbindlichkeit, denn mit einer solchen haben wir es hier zu thun, da der Herr entweder den Knecht verliert oder die Strafe bezahlen muß.

Der eigentliche Ursprung unseres Rechtsinstitutes ist aber in einer viel späteren Zeit, nämlich in der preußischen Gesetzgebung und zwar im „Allgemeinen Landrechte für die preußischen Staaten" zu suchen. Das preußische Landrecht statuiert nämlich in dem nicht mehr in Geltung befindlichen Titel 20 des des 2. Teils § 293 und 294 bei Zoll- und Steuerdefraudationen

[1]) Sachsensp. II. 72, Schwabensp. 208.

[2]) Vgl. Monum. Germ. Hist. Leges III.

eine unbeschränkte Haftung für die neben der Geld- und Leibesstrafe angedrohte Konfiskation und zwar sollen nach § 293 Kaufleute, Juden, Schiffer und Frachtfuhrleute, Müller, Brauer, Branntweinbrenner und Fleischer für ihr Gesinde und ihre im Hause befindlichen Ehegatten und Anverwandten ohne Unterschied haften. Andere Personen sollen dagegen nur für die Kontraventionen und Defraudationen ihrer Ehegatten und Kinder haften, insoferne diese Verbrechen bei Gelegenheit solcher Geschäfte, wozu sie dieselben zu gebrauchen pflegen, von ihnen verübt worden sind.

Hiezu wurde eine Deklaration vom 19. Oktober 1812 (preuß. Ges.-Samml. S. 193) erlassen, wonach, was § 293 und 294 hinsichtlich der Konfiskation anordnen, auch von der verwirkten Geldstrafe gilt.

Der damalige Rechtszustand bestand also in einer Vertretungsverbindlichkeit von im wesentlichen den nämlichen Personen wie heutzutage; die Haftung war jedoch nicht eine subsidiäre, sondern vielmehr eine primäre.

Der Grundsatz der Subsidiarität findet sich dann zum erstenmale in der preußischen Zoll- und Verbrauchssteuerordnung vom 26. Mai 1818 (Pr.-G.-S. S. 107 ff). Hienach sollen hinsichtlich der Konfiskationsstrafe Gewerbtreibende für ihr Gesinde, ihre Diener, Gewerbsgehilfen und ihre im Haus befindlichen Ehegatten und Verwandten ohne Unterschied haften (§ 132), andere Personen nur für die Kontraventionen ihrer Ehegatten und und Kinder, insoferne diese bei Gelegenheit solcher Geschäfte, wozu sie dieselben zu brauchen pflegen, von ihnen verübt worden sind (§ 133).

Beide §§ beziehen sich auf die Konfiskation und behalten also hinsichtlich dieser die primäre Haftung bei.

Dagegen bestimmt § 139 eod., daß eine Vertretungsverbindlichkeit hinsichtlich der verwirkten Geldstrafen nur dann bestehen soll, „wenn wegen Unvermögens des eigentlichen Verbrechers oder im Wiederholungsfalle die an die Stelle der Geldstrafe zu erkennende

Festungs- oder Zuchthausstrafe gegen den eigentlichen Verbrecher nicht zur Vollziehung gebracht werden konnte".

Der Gedanke des Gesetzgebers ist klar. Civilrechtlich läßt sich diese Haftbarkeit nicht konstruieren, strafrechtlich widerspricht es den Fundamentalsätzen dieses Rechtsgebietes, zwei Personen hinsichtlich der Strafe vollständig gleich zu stellen, von denen die eine die That begangen hat, die andere aber an dem Verbrechen vielleicht unbeteiligt ist.

Gegen diese strafrechtlichen Gewissensbisse machte sich die Stimme des Finanzinteresses geltend, und so entstand das Institut unserer modernen subsidiarischen Vertretungsverbindlichkeit, das sowohl den strafrechtlichen als finanziellen Anforderungen genügen sollte.

Von jetzt an ist die Entwicklung unseres Institutes einigermaßen verschieden hinsichtlich des Zollwesens einerseits und des Steuerwesens andererseits.

Auf dem ersteren Gebiete blieb die Gesetzgebung stationär bis zum Jahre 1836. Dagegen erschien bereits am 8. Februar 1819 eine Steuerordnung (Pr.-Ges.-S. S. 102), welche jedoch die Bestimmungen der preußischen Zoll- und Verbrauchssteuerordnung vom 26. Mai 1818 im wesentlichen beibehielt.

Haftung für die verwirkten Strafen sollte nämlich nach § 83 dann eintreten, „wenn die Geldstrafe wegen Unvermögens des eigentlichen Verbrechers, sowie an deren Stelle zu erkennende Gefängnisstrafe nicht zur Vollstreckung gebracht werden kann".

Zu diesem § 83 wurde entstandener Zweifel über Sinn und Anwendung halber eine kgl. Deklaration vom 6. Oktober 1821 (Pr.-Ges.-S. S. 187) erlassen, wonach der Vertretungsverbindliche die Strafe zu zahlen verpflichtet ist, „wenn sie wegen Unvermögens des eigentlichen Verbrechers an demselben nicht zum Vollzug gebracht werden kann und daß die körperliche Strafe an dem eigentlichen Verbrecher erst dann zu vollziehen ist, wenn der subsidiarisch Verhaftete zur Zahlung der Geldbuße ebenfalls nicht im Stande sein sollte".

Diese Deklaration, die also zuerst sowohl beim eigentlichen Verbrecher als beim Vertretungsverbindlichen die Vollziehung der Geldstrafe anordnet und erst an zweiter Stelle die körperliche Strafe zuläßt, ist offenbar weniger eine Interpretation des § 83 als eine vom Finanzinteresse beeinflußte Ausdehnung der subsidiären Vertretungsverbindlichkeit, obgleich sie an der Natur derselben nichts ändern wollte.

Trotzdem führte diese unbedingte Haftung bald dazu, daß sich eine Gegenströmung gegen dieselbe geltend machte, da auf solche Art oft Unschuldige zur Bezahlung der hohen Geldstrafen verurteilt wurden.

Die subsidiäre Vertretungsverbindlichkeit wurde daher offenbar als Strafe angesehen und auch als solche empfunden. Denn im Wesen einer civilen Haftung wäre es eben gelegen, daß auf Schuld oder Unschuld keine Rücksicht genommen wird.

Dieser Strömung und insbesonders einem Ersuchen des preußischen Abgeordnetenhauses vom 14. April 1859[1]), die subsidiäre Haftung anderweitig in entsprechender Weise zu regeln, nachgebend, brachte die preußische Regierung einen in diesem Sinne ausgearbeiteten Entwurf beim Landtage ein. In der Denkschrift hiezu lehnte sie es erstens ab[2]) die Geldstrafe am Vertretungsverbindlichen und zugleich die Freiheitsstrafe am eigentlichen Gesetzesübertreter zu vollziehen, weil es vom rechtlichen Standpunkte aus nicht angehe, eine erkannte Strafe doppelt zu vollstrecken.

Hätte nun die Regierung die subsidiäre Vertretungsverbindlichkeit als ein civilrechtliches Institut angesehen, so würde nichts im Wege gestanden sein, erst vom civilrechtlich Haftenden die Forderung einzuziehen, und dann vom strafrechtlich Schuldigen Genugthuung für das verletzte Strafrecht zu verlangen.

---

[1]) Vgl. Denkschrift zu dem Entwurf eines Gesetzes wegen Abänderung des § 83 der Steuerordnung vom 8. Febr. 1819 und der Deklaration vom 6. Okt. 1821, stenogr. Ber. über die Verh. des pr. Landtags vom J. 1859, Haus d. Abg. Bd. 4, Anl. 2 T., S. 722 ff.

[2]) Vgl. l. c. S. 723.

Die Auffassung der Regierung war aber schon damals, daß die subsidiäre Vertretungsverbindlichkeit dem Strafrecht angehört.

Dieselbe lehnte es jedoch andererseits auch ab, folgerecht diese Haftung vom Nachweis der Unkenntnis der Defraudation oder der Nichtvernachlässigung der erforderlichen Aufmerksamkeit abhängig zu machen, weil dieser Nachweis fast immer unmöglich sei, hielt sich vielmehr genau an die Bestimmungen des § 19 des preuß. Zollsteuergesetzes vom 23. Januar 1838 (Pr.-Ges.-S., S. 78).

Hinsichtlich der Zollgesetzgebung war nämlich im Jahre 1836[1]) zwischen den einzelnen Staaten des damaligen Zoll- und Handelsvereins vereinbart worden, daß die subsidiarische Vertretungsverbindlichkeit dritter Personen beibehalten werden sollte und daß dieselbe sich sowohl auf die Geldstrafe als auf die Gefälle und Untersuchungskosten erstrecken solle.

Im oben citierten § 19 des preußischen Zollstrafgesetzbuches wurde weiter bestimmt, daß der Steuerverwaltung die Entscheidung darüber zu überlassen sei, ob in dem Falle, wenn die Geldbuße von dem eigentlich Schuldigen nicht beigetrieben werden kann, dieselbe von dem subsidiarisch Verhafteten eingezogen oder statt dessen und mit Verzicht hierauf die im Unvermögensfalle an die Stelle der Geldbuße tretende Freiheitsstrafe sogleich an dem eigentlich Schuldigen vollstreckt werden soll.

Der Grund dieser Bestimmung scheint sehr klar zu sein. Einerseits wollte man aus finanziellen Rücksichten unser Rechtsinstitut beibehalten, andererseits aber dasselbe in möglichsten Einklang mit den Grundsätzen des Strafrechts bringen. Durch diesen § 19 war ja der Zollverwaltung die Möglichkeit gegeben, ihre Entscheidung je nach dem Verschulden des Vertretungsverbindlichen zu treffen und falls derselbe an dem Delikt beteiligt erschien, die verwirkte Geldstrafe von ihm einzuziehen, falls er unbeteiligt war,

---

[1]) Protokolle zu den Verhandl. der 1. Generalkonferenz in Zollvereinsangelegenheiten, die Zollstrafgesetzgebühren betr. ddo. München, den 24. August 1836, S. 1.

am primär Schuldigen die Freiheitsstrafe zu vollziehen. Dieser Standpunkt kam auch in der oben citierten Denkschrift der Regierung vom Jahre 1859[1]) zum Ausdruck.

Was nun weiter die Kommissions- und Plenarverhandlungen zum Gesetz vom 24. Dezember 1860 betrifft, so dürfte es nicht angehen, besonders weittragende Folgerungen aus den dort gefallenen Äußerungen zu ziehen, wie dies z. B. in den Urtheilen des Reichsgerichts geschehen ist, da aus den Verhandlungen deutlich hervorgeht, daß der damalige Landtag sich über Begriff und Konstruktion dieser Vertretungsverbindlichkeit allerseits völlig im Unklaren war und dieselbe nur statuierte, weil sie im Finanzinteresse nötig war.

Daß sie ein Institut des Civilrechts sei, wurde allerdings von Niemand behauptet, wohl aber bemerkte der preußische Justizminister[2]), daß, vom theoretischen Standpunkte aus betrachtet, das jetzige Gesetz nicht genügen würde, daß man vielmehr dem Angeklagten seine Schuld beweisen müsse.

Der theoretische Standpunkt der Regierung — und auf diesen dürfte, da es sich um eine Regierungsvorlage handelt, das Hauptgewicht zu legen sein — war also der der strafrechtlichen Haftung.

Andererseits erklärte der Kommissionsbericht[3]) die subsidiarische Verhaftung als Produkt einer positiven Gesetzgebung, das weder auf die civilrechtlichen noch strafrechtlichen Grundsätze zurückführbar sei.

Das zu Stande gekommene Gesetz selbst enthält im wesentlichen dieselben Grundsätze wie das preußische Zollstrafgesetz vom 23. Januar 1838[4]).

Diese unbedingte Haftung widersprach aber nicht nur jeder Strafrechtstheorie, wie der preußische Justizminister bemerkte, sondern sie führte auch zu praktischen Mißständen.

---

[1]) Vgl. l. c. S. 723.

[2]) Stenogr. Ber. a. a. O. Verh. S. 843.

[3]) Stenogr. Ber. a. a. O. Anl. S. 725.

[4]) Vgl. das Gesetz betr. die Besteuerung des Branntweins v. 24. Apr. 1860.

Die Abgeordneten Dr. Friedenthal und Hennig und Genossen brachten daher im Reichstage des norddeutschen Bundes einen Gesetzentwurf „betr. die subsidiarische Haftung des Brennereiunternehmers für Zuwiderhandlung gegen die Branntweinsteuergesetze durch Verwalter, Gewerbsgehilfen und Hausgenossen“ ein, der im wesentlichen unverändert angenommen wurde.

Durch dieses Gesetz, das oben (vgl. S. 4 ff.) wörtlich angeführt wurde, ist zum erstenmale den Grundprinzipien des Strafrechts Genüge geleistet. Es ist dort ausdrücklich ausgesprochen, daß die Vertretungsverbindlichkeit nur eintreten solle bei Fahrlässigkeit hinsichtlich der Auswahl, Anstellung und Beaufsichtigung der Verwalter 2c. Bezüglich der übrigen Bestimmungen kann auf den Wortlaut des Gesetzes verwiesen werden. Für uns ist es besonders wichtig, daß die Verurteilung vom Nachweise einer Verschuldung abhängig gemacht wird und daher auch dieses für eine strafrechtlich zu verfolgende Handlung wichtige Kriterium beim Vertretungsverbindlichen gegeben sein muß.

Von einem andern Prinzipe, das den Grundsätzen des Strafrechts noch mehr entspricht und doch zugleich das Finanzinteresse schont, geht das Vereins-Zollgesetz vom 1. Juli 1869 aus. Dasselbe gestattet dem subsidiär Vertretungsverbindlichen den Nachweis des Nichtwissens um das von dem eigentlich Schuldigen begangene Zollvergehen. Gelingt ihm dieser Beweis, so haftet er nicht mehr für die Geldstrafe, sondern nur für die Zollgefälle.

Zwischen diesen beiden Prinzipien schwanken unsere in Geltung befindlichen Reichsgesetze im Zoll- und Steuerwesen. Nur der § 32 des Branntweinsteuergesetzes vom 4. Juni 1887 hat eine strafrechtlich noch idealere Voraussetzung als Bedingung der subsidiären Vertretungsverbindlichkeit für Geldstrafen aufgestellt. Diese soll nämlich nur eintreten, wenn die Abhaltung der vertretenden Personen von der Zuwiderhandlung gegen diese Steuervorschriften unterlassen worden ist.

Resultat unserer historischen Betrachtung ist demgemäß:

Die strafrechtliche Vertretungsverbindlichkeit dritter Personen für Strafen ist ein alter, urgermanischer Rechtsgedanke.

In unserem Rechtsinstitut war der strafrechtliche Kern von jeher enthalten. Derselbe wurde in Folge des wachsenden Bestrebens, den Anforderungen und Grundprinzipien des Strafrechts gerecht zu werden, von der Gesetzgebung immer mehr bloß gelegt, bis er durch unsere neuen Zoll- und Steuergesetze von seiner civilrechtlichen Schale vollständig befreit wurde.

IV. Abschnitt.

Unterordnung der subsidiären Vertretungsverbindlichkeit dritter Personen unter das Gebiet des öffentlichen Rechts.

Um die juristische Natur unseres Rechtsinstituts kennen zu lernen, müssen wir vor allem es einer der beiden Rechtshemisphären des Privat- und öffentlichen Rechtes unterzuordnen suchen.

Da es sich hier um eine Vermögensleistung handelt, sind viele Schriftsteller sofort bereit, von einer dem Privatrecht angehörigen Haftung zu sprechen nach dem Grundsatze: Wo Vermögensleistung, da Privatrecht.

Seydel[1]) nennt einen solchen Schluß einmal nicht mit Unrecht eine fixe Idee.

Wir müssen uns vielmehr zunächst fragen: Wem wird gehaftet?

Die Antwort lautet:

Dem Staate.

Dieser ist es, der dem primär Schuldigen gegenüber sein Strafrecht geltend macht, und er ist es auch, der vom gleichen Strafrecht, das er an jenem nicht zum Vollzuge bringen konnte, einem Dritten gegenüber Gebrauch macht.

---

*) Max Seydel, Grundzüge einer allgemeinen Staatslehre. Würzburg 1873. S. 56.

Das Recht auf die Steuer, das Recht auf Strafen des verletzten Strafgesetzes halber steht dem Staate kraft seiner Finanzgewalt, kraft seiner Strafgewalt zu, gleichgiltig, wem gegenüber er diese Rechte realisiert.

Es ist nicht der Fiskus, dem gehaftet wird,[1]) es ist auch keine Zwangsvollstreckung[2]) zu gunsten des Fiskus, man könnte sonst mit dem nämlichen Rechte sagen, der Fiskus lege auch die Geldstrafen auf. Bei der Geldstrafe wie bei der subsidiären Vertretungsverbindlichkeit ist die Zwangsvollstreckung eine Folge der Auferlegung, ein zweites Stadium.

Im ersten Stadium werden hier wie dort die Voraussetzungen der Strafe festgestellt, im zweiten wird eventuell die ausgesprochene Strafe vollzogen. Ob in diesem letzteren Stadium das eingezogene Geld in die Kasse des Fiskus oder einer anderen Person fließt oder ob die Geldstrafe der Begnadigung halber gar nicht eingezogen wird, ist für die Erklärurg der juristischen Natur unseres Rechtsinstitutes irrelevant.

Mag man nun die Definition des öffentlichen Rechtes fassen wie man will, das punctum saliens wird bleiben, daß wir es mit dem Privatrechte zu thun haben, wo die Interessen und Beziehungen der einzelnen unter einander, mit öffentlichem Rechte, wo die Interessen und Beziehungen des Staates einerseits und der einzelnen Unterthanen anderseits in Frage kommen.

Publicum jus est, quod ad statum rei Romanae spectat, privatum, quod ad singulorum utilitatem l. 1 § 2d de just. et iure 1. 1.

Unrichtig ist es daher, zu behaupten, unsere Haftung sei die nämliche, wie die des Kaufmanns für die Rechtshandlungen seines Prokuristen.[3]) Bei der Haftung des Prinzipals aus Art. 52 des Handelsgesetzbuches, des Frachtführers aus Art. 400 eodem,

---

[1]) Binding, die Normen und ihre Übertretung. Bd. 2. S. 614.

[2]) Kronecker, l. c.

[3]) Meisel, l. c. S. 44.

bei den actiones adjectitiae qualitatis des gemeinen Rechts, bei der actio noxalis des römischen Rechts, überall sind es die Interessen der einzelnen untereinander, die collidieren.[1])

Aus dem gleichen Grunde kann auch eine obligatio quasi ex delicto nicht in Frage kommen, abgesehen davon, daß solche Obligationen nur Ausnahmen im modernen Rechte sind,[2]) hier aber kein Grund gegeben ist, eine solche Ausnahme anzunehmen.

Von einem Schadenersatz des Vertretungsverbindlichen kann ferner schon aus dem Grunde keine Rede sein, weil nicht „ein wiederherstellbarer, dem Rechte widersprechender Zustand" [3]) aufgehoben wird, sondern ein neuer Zustand durch Sühne für ein Delikt geschaffen wird.

Der Fiskus hat ja überhaupt keinen Schaden erlitten; denn dem Staate als solchen stand gegen den primär Schuldigen das Recht auf Geldstrafe, eventuell Freiheitsstrafe zu. Erst wenn die letztere nicht vollzogen werden konnte, entsteht für den Staat zwar ein Schaden, aber kein materieller, sondern nur der rein ideelle, daß seinem Strafrechte nicht Genüge geschehen ist. Wartet der Staat, wie in unserem Falle, die Unmöglichkeit des Vollzuges der Freiheitsstrafe gar nicht ab, sondern legt die Geldstrafe aus finanziellen Rücksichten sofort einer anderen Person auf, so ist das vielleicht ein nicht ganz richtiges Vorgehen, hindert aber daran

---

[1]) Dies übersieht Leverkühn S. 295 bei seiner Argumentation. Es ist unrichtig, wenn er behauptet, in der noxae datio sei nicht sowohl die Mitverpflichtung des schuldlosen Herrn, sondern vielmehr die Abwälzung der Verantwortung auf den wahrhaft Verantwortlichen zum Ausdruck gekommen. Dem schuldigen Sklaven erwächst kein Nachtheil; er geht nur aus dem Eigenthum des ersten dominus in das eines andern über. Einen Vermögensschaden in Folge der Verfehlung des Sklaven erleidet vielmehr nur der Herr, der ein Vermögensstück verliert. Die Argumentation Leverkühn's stünde sohin dem nicht entgegen, das civilrechtliche Institut noxae datio analog auf die subsidiarische Vertretungsverbindlichkeit anzuwenden.

[2]) Vgl. Dernburg, Pandekten. Bd. 2. S. 16. Berlin 1889.

[3]) Vgl. Binding, die Normen und ihre Übertretung. Bd. 2. S. 290. 2. Aufl.

nichts, daß der Staat von seinem Strafrechte einfach einem anderen Unterthanen gegenüber Gebrauch macht, und nicht der Fiskus einen Schadensersatz einklagt.

Nach all dem handelt es sich also hier um Beziehungen und Interessen des Staates zu seinen Unterthanen, es handelt sich um öffentliches Recht.

Sobald überhaupt andere Personen als der Verbrecher selbst zur Entrichtung einer Strafe herangezogen werden, liegt immer eine öffentlich rechtliche Verpflichtung vor. Es ist in Theorie und Praxis anerkannten Rechtens, daß die Strafe eine höchst persönliche Pflicht des Delinquenten ist. Ebensowenig als der Erbe nach den Grundsätzen des Civilrechts zur Bezahlung der Strafen seines Erblassers herangezogen werden kann, ebensowenig kann irgend einer andern Person eine civilrechtliche Haftung für Strafe auferlegt werden; die Haftpflicht für eine Strafe, wie die in unserem Falle, kann vielmehr nur auf dem Wege des öffentlichen Rechtes statuiert werden.

Nimmt man nun mit Seydel[1]) an, daß eine Vermögensleistung dann eine öffentlich rechtliche sei, wenn sie aus einem öffentlich rechtlichen Grunde zu entrichten ist, so müssen wir auch von diesem Standpunkte aus unser Rechtsinstitut dem jus publicum zurechnen.

Denn sogar Liszt (l. c.) gibt zu, daß die Vertretungsverbindlichkeit dritter Personen auf „öffentlich rechtlichen Gründen" beruhe.[2])

Wir kommen aber auch noch auf einen dritten Wege zu dem bisher gefundenen Resultate. Wir haben es mit einer Haftung für Strafe zu thun, nach geltendem Rechte für Geldstrafen. Unser altgermanisches Recht kennt bekanntlich Haftung für Freiheitsstrafen.[3]) Allein auch der juristische Charakter unserer Vertretungs-

---

[1]) Seydel, l. c., S. 56.

[2]) Welches der öffentlich rechtliche Grund der Vertretungsverbindlichkeit ist, wird in nächsten Abschnitte zu erörtern sein.

[3]) Vgl. oben S. 38. Wir brauchen hiebei nicht mit Kronecker (l. c.) bis in das chinesische Recht zu gehen.

verbindlichkeit bliebe völlig unverändert, wenn der Gesetzgeber, anstatt zu sagen: der Gewerbetreibende haftet subsidiär für die Geldstrafe, bestimmen würde: „Der Gewerbetreibende haftet subsidiär für die Strafe". In letzterem Falle könne aber eventuell der Vertretungsverbindliche in die Lage, für den primär Schuldigen (z. B. nach dessen Tode) eine Freiheitsstrafe abbüßen zu müssen, eine Verpflichtung, die sicherlich nicht dem Civilrechte angehört.

Resultat der vorstehenden Ausführungen ist demnach, daß die snbsidiäre Vertretungsverbindlichkeit für Zoll- und Steuerdelikte aus dem Gebiete des Privatrechts auszuscheiden und dem öffentlichen Rechte zuzurechnen ist.

Es frägt sich jetzt noch, welchem Theile des öffentlichen Rechtes dieselbe unterzuordnen ist. Hiebei kann aber nur das Strafrecht, konkreter das Zoll- und Steuerstrafrecht in Frage kommen.

V. Abschnitt.

Unterordnung der subsidiären Vertretungsverbindlichkeit dritter Personen unter das Gebiet des Strafrechts.

§ 1.

Allgemeine, zur Beurteilung dieses Rechtsinstituts dienliche Grundsätze des Zoll- und Steuerstrafrechts.

Es dürfte nicht unnütz sein, vorauszuschicken, daß unsere Strafrechtsliteratur den Unterschied vom eigentlichen Strafrecht und Zoll- und Steuerstrafrecht nicht scharf genug auseinanderhält. Es ist zu beachten:

1) Das Steuerstrafrecht wird nicht nur von kriminellen, sondern ebenso von finanziellen Rücksichten geleitet. Daher kommen die vielen äußerst hohen Geldstrafen, die sehr oft nicht im Einklang mit der Größe der Verschuldung stehen.

2) Das Steuerstrafrecht operiert sehr oft mit einer Art von Wahrscheinlichkeitsrechnung. Es genügt hier, wenn auch nur die überwiegende Mehrzahl der Schuldigen getroffen wird. Hieraus sind die vielen Schuldpräsumtionen zu erklären, die wir in Steuergesetzen vorfinden.

3) Die Steuerstrafen werden von den Betroffenen nicht so hart empfunden und schaden ihnen in ihrer bürgerlichen Stellung viel weniger als die eigentlichen Kriminalstrafen. Es ist daher

anderseits auch nicht angebracht, hier die allgemeinen Dogmen des Strafrechts allzu rigoros in Anwendung zu bringen.

Diese Grundsätze sind zu beachten, wenn die juristische Natur eines Rechtsinstituts des Zoll- oder Steuerstrafrechts wie die subsidiarische Vertretungsverbindlichkeit dritter Personen erforscht werden soll, und ein solches Institut ist nicht schon dann als strafrechtlich unkonstruierbar[1]) zu erklären, wenn es sich nicht in die spanischen Stiefel der allgemeinen kriminalrechtlichen Regeln einschnüren läßt.

Wenn man nun unser Rechtsinstitut auf seine Strafrechtsnatur hin untersucht, so kann es keinem Zweifel unterliegen, daß dasselbe das erste Requisit der Strafe, das malum passionis enthält, und daß dieses Leiden, wie oben gezeigt wurde, vom Staate auferlegt ist.

§ 2.

Die Art der Verschuldung.

Zweifel können erstens entstehen über die Art der Verschuldung des Vertretungsverbindlichen.

Für das ganze Rechtsinstitut der subsidiarischen Vertretungsverbindlichkeit in seiner früheren wie heutigen Gestalt besteht das Verschulden, allgemein ausgedrückt, in dem Nichtgeltendmachen der Autorität und Aufsicht zu der der Vertretungsverbindliche in dem ihm untergebenen Gebiet kraft seiner Stellung als Aufsichtsperson dem Staate verpflichtet ist[2]). Es folgt dies aus der Stellung der Personen, die jeweils zum Subjekt der Vertretungsverbindlichkeit gemacht wurden. Sie nehmen sämmtlich ein Autoritäts- oder Aufsichtsverhältnis oder beides in gleicher Weise zn dem primär Schuldigen ein.

In den einzelnen Gesetzen besteht jedoch ein kleiner Unter-

---

[1]) Vgl. Borchert l. c.

[2]) Das Verhältnis des Vertretungsverbindlichen ist hier ein ganz ähnliches wie das derjenigen Person, welche von einem der im § 139 d. R.-Str.-G. bezeichneten Verbrechen Kenntnis erhält und es unterläßt, ihrer Rechtspflicht zur Anzeige Genüge zu thun.

schied hinsichtlich der Voraussetzungen, unter welchen diese Verschuldung als festgestellt angesehen werden kann.

In den vor dem Branntweinsteuergesetz vom 8. Juli 1868 erlassenen Gesetzen wurde die Unterlassung der erforderlichen Aufsicht einfach präsumiert, und zwar mittelst einer praesumtio juris et de jure, eine in Zoll- und Steuergesetzen nicht seltene Erscheinung.[1])

In unseren sämmtlichen neueren und in Geltung befindlichen Steuergesetzen, sowie im Zollgesetze vom 1. Juli 1869 (mit einziger Ausnahme des § 153 Z. 2) ist man von der unbedingten Schuldpräsumtion abgekommen. Jetzt ist jedoch hinsichtlich des Verschuldens zu unterscheiden zwischen den Gesetzen, die

1) den Nachweis einer Art von culpa in eligendo, nämlich Fahrlässigkeit bei der Auswahl, Anstellung und Beaufsichtigung der Untergebenen, zur Bedingung der Vertretungsverbindlichkeit machen,

2) denjenigen Gesetzen, in welchen ein Mitwissen um die That präsumiert und der Gegenbeweis des Nichtwissens um dieselbe zugelassen wird, und

3) denjenigen Gesetzen, die die Nichtabhaltung vom Zoll- oder Steuerdelikt bestrafen.

Ad 1. Was zunächst die culpa in eligendo betrifft, so bringt dieselbe allerdings einen fremden Schuldbegriff in das Strafrecht herein. Weitere Folgerungen sind aber hieraus nicht zu ziehen. Denn der Zweck der Einschränkung der unbedingten Schuldpräsumtion durch das Erfordernis der Fahrlässigkeit bei der Auswahl 2c. im Branntweinsteuergesetz vom 8. Juli 1868, das für die übrigen Gesetze maßgebend blieb, war,

[1]) Solche praesumtiones deli finden sich z. B. im § 136 des Vereinszollgesetzes, § 13 II des Gesetzes vom 12. Oktober 1867, betr. die Erhebung einer Abgabe von Salz, § 18 des Branntweinsteuergesetzes vom 4. Juni 1887, § 41 des Zuckersteuergesetzes vom 9. Juli 1887 2c. Der damalige Rechtszustand besteht, wie unten (vgl. § 7) nachzuweisen sein wird, noch im § 153 Z. 2 des Vereinszollgesetzes.

wie der eigentliche Urheber dieses Gesetzes, der Abgeordnete Dr. Friedenthal[1]), sich ausdrückte, „den Redlichen zu schützen, den Unredlichen zu strafen." Die Absicht war also gerade, die strafrechtliche Natur der Vertretungsverbindlichkeit noch näher zu fixieren; das Mittel hiezu erscheint allerdings etwas unglücklich gewählt.

Das Hereinziehen dieser culpa in eligendo ist aber auch von dem Standpunkte aus zu beurtheilen, daß, wie das Reichsgericht[2]) sich gelegentlich der Bestrafung einer Steuerhinterziehung sehr richtig ausdrückt, der Staat gleichmäßig dabei interessiert ist, daß die ihm zukommenden Abgaben ihm nicht geflissenliich entzogen werden, wie, daß die Entrichtung derselben nicht aus Nachlässigkeit, Unkenntnis u. dgl. Motiven unterbleibt.

Übrigens ist im § 21 des Reichs-Preßgesetzes vom 7. Mai 1874, einer unbedingt strafrechtlichen Vorschrift, eiue ganz ähnliche Art der Fahrlässigkeit, wie in unserem Falle, erfordert. Der Redakteur soll wegen Fahrlässigkeit bestraft werden, „wenn er nicht die Anwendung der pflichtgemäßen Sorgfalt oder Umstände nachweist, welche diese Anwendung unmöglich gemacht haben." Richard Löning[3]) erklärt nun diese Fahrlässigkeit ausdrücklich als Vernachlässigung der pflichtgemäßen Sorgfalt in der Überwachung des Blattes, also als eine Verschuldung, die große Ähnlichkeit mit unserer culpa in eligendo besitzt.

Ad 2. Gegen die Präsumtion der Mitwissenschaft um die That bis zum Beweise des Nichtwissens um dieselbe und eine hierauf basierende Bestrafung ist nicht mehr und nicht weniger einzuwenden, als gegen die widerlegbaren Präsumtionen im Strafrecht im Allgemeinen zu sagen ist. Die Verschuldung besteht hier

---

[1]) Stenogr. Bericht über die Verhandlungen des norddeutschen Reichstags vom Jahre 1868, S. 370.

[2]) Urtheil vom 20. November 1882. Entsch. Bd. 7, S. 240.

[3]) Löning, die strafrechtliche Haftung des verantwortlichen Redakteurs. S. 236.

jedoch weniger im Mitwissen um die That, als darin, daß trotz dieses Miiwissens die That nicht verhindert wurde.

Ad 3. Am besten ist jedoch, wie bereits oben erwähnt, das Requisit der Verschuldung im § 32 des Branntweinsteuergesetzes vom 25. Juni 1887 ausgedrückt durch das Erfordernis der Nichtabhaltung von Zuwiderhandlungen gegen die gesetzlichen Vorschriften, also durch das Erfordernis der Nichtausübung der Aufsichtspflicht.

Soviel steht demnach fest, daß bei unserm Rechtsinstitute eine Schuld von jeher erforderlich war, daß aber in unserem geltenden Reichsrecht gegenüber der alten unwiderlegbaren Schuldpräsumtion die Verschuldung spezialisiert wurde. Der Vertretungsverbindliche ist demnach nicht Sündenbock für fremde Schuld, sondern er leidet Strafe wegen eigner Schuld.

§ 3.

Das Strafmittel.

Das Strafmittel ist die Auferlegung der subsidiarischen Haftung für die verwirkte Geldstrafe.[1]) Eine solche

---

[1]) Durch diese Construktion hat man es nicht nötig, wie dies Leverkühn l. c. thut, auch noch den Strafprozeß hereinzuziehen und die Undurchführbarkeit des Strafanspruches gegen den Hauptschuldigen als Prozeßvoraussetzung anzusehen. Es ist dies um so werthvoller, als Leverkühn den Begriff der Prozeßvoraussetzung unrichtig anwendet. Prozeßvoraussetzungen sind die Bedingungen der Geltendmachung des Anspruches überhaupt, die Voraussetzungen für die Begründung des Prozeßverhältnisses insbesonders. (Liszt Lehrbuch S. 182.) Nun ist aber die Geltendmachung des Anspruches auf subsidiarische Haftung keineswegs dadurch bedingt, daß die Geldstrafe von dem „eigentlich Schuldigen" nicht beigetrieben werden kann. Ein Anspruch auf Bestrafung des subsidiär Haftenden und damit die Möglichkeit, im Prozeßverhältnis mit demselben zu begründen, tritt sofort mit der Begehung des Deliktes durch den „eigentlich Schuldigen" ein. Es ist nirgends bestimmt und mit Recht von der Praxis noch nie daran gedacht worden, daß gegen den subsidiär Haftenden erst dann der Prozeß eingeleitet werden darf, wenn feststeht, daß die gegen den eigentlichen Thäter verhängte Strafe nicht beige-

Strafart findet sich allerdings im Reichsstrafgesetzbuche nicht; es ist jedoch eine nicht seltene Erscheinung, daß die Nebengesetze, besonders die Steuergesetze, sich ihren speziellen Zwecken entsprechende Strafmittel schaffen.[1])

Ein jedes Strafgesetz setzt sich zusammen aus der Inkriminirung einer Strafthat, hier der Nichtabhaltung vom Steuerdelikt ꝛc. (vgl. § 2) und der Strafsanktion, der Bestimmung der Art und des Maßes des Strafmittels, hier der Auferlegung der subsidiären Haftung, also einer absolut bestimmten Sanktion.

Es besteht hier nicht, wie Binding[2]) annimmt, ein strafschuldendes Subjekt mit zwei Häuptern', sondern jedes von den beiden Subjekten erleidet für seine eigene Schuld seine eigene Strafe, das eine die Geld=, im Uneinbringlichkeitsfalle die Freiheitsstrafe, das andere die Pflicht der subsidiären Haftung für die verwirkte Geldstrafe. Daß die Strafschuldner nicht ein Subjekt bilden, geht schon daraus hervor, daß der Vertretungsverbindliche nicht für die Freiheitsstrafe haftet, wohl aber der primär Schuldige. Das Strafmittel ist demnach bei den beiden Personen ein ganz verschiedenes. Das von Binding gewählte Bild einer „kriminellen Bürgschaft" paßt daher nicht hieher, denn der sub=

---

trieben werden kann. Leverkühn zieht selbst die Consequenz nicht, daß, wenn die Nichteinbringlichkeit der Geldstrafe von primär Haftenden noch nicht feststeht, man das Verfahren gegen den subsidiär Haftenden, wenn auch ohne Konsumtion des Strafanspruches, einstellen müßte. (Vgl. S. 307 l. c.) Richtig ist nur, daß man in diesem Falle noch nicht gegen den Letzteren vollstrecken kann, daß es sich um eine Vollstreckungsvoraussetzung handelt. Das ändert aber an der Construktion unseres Rechtsinstitutes nicht das Mindeste, da ja die Vollstreckung bei jeder Strafe durch eine Reihe von Voraussetzungen bedingt ist. Auf dem von Leverkühn eingeschlagenen Wege dürfte man daher zu einer befriedigenden Lösung nicht gelangen.

[1]) Solche Strafmittel sind z. B. der Verlust der Befugnis zum Gewerbebetrieb gemäß § 30 des Branntweinsteuergesetzes vom 24. Juni 1887 und § 53 des Zuckersteuergesetzes vom 9. Juli 1887, § 23 des Sozialistengesetzes vom 21. Oktober 1878, die Strafe der Aufenthaltsbeschränkung gemäß § 22 des Sozialistengesetzes, die Konfiskation als Hauptstrafe.

[2]) Binding a. a. O.

sidiär Haftende ist nicht Bürge für die fremde Strafe, sondern Selbstschuldner für die eigene Strafe. Man könnte dieses Bild von der Bürgschaft jedenfalls nur als einen geistreichen Vergleich ansehen, nie aber, wie dies Binding thut, die Grundsätze des Civilrechts über Bürgschaft hinsichtlich der Begnadigung, Verjährung u. s. w. analog in das öffentliche Recht übertragen.

Da der Vertretungsverbindliche seine eigene Strafe erhält, fällt das von Liszt gegen die Strafnatur vorgebrachte Argument, daß die Strafe hier den Verbrecher nur nebenher treffe, in sich zusammen. Wenn man diese sehr naheliegende Construktion verwendet, ist es überhaupt schwer, bei der Bestimmung über die subsidiarische Vertretungsverbindlichkeit irgend eine Anomalie gegenüber anderen strafrechtlichen Bestimmungen zu finden.

Auch gegen die Zweckmäßigkeit des Strafmittels der subsidiären Haftpflicht ist vom Standpunkte des Zoll- und Steuerstrafrechtes aus nichts einzuwenden, da gerade auf diesem Gebiete des Strafrechts die Abschreckungstheorie ganz entschieden dominirt.[1])

Es ist darauf Gewicht zu legen, daß falls man die Mißachtung der hier in Frage kommenden Pflichten mit einer selbstständigen Geldstrafe bedrohen würde, man dieselbe bei weitem nicht in der Höhe auferlegen könnte, in welcher sie unter Umständen bei der subsidiären Vertretungsverbindlichkeit eintritt. So jedoch ist der Abschreckungszweck gewahrt und ein kräftiger Impuls zur Pflichterfüllung gegeben.

§ 4.

Das Maß der Verschuldung und der Grundsatz der Subsidiarität.

Es wird von den Anhängern der Civilrechtsnatur unseres Rechtsinstitutes behauptet, es sei lediglich das Maß des Verschuldens des eigentlichen Thäters für die Strafausmessung maß-

---

[1]) Liszt, Lehrbuch, S. 615.

gebend, die Größe des Verschuldens des Vertretungsverbindlichen dagegen irrelevant; es liege also ein Verstoß gegen den Grundsatz „Strafe nach Maßgabe der Schuld" vor. Hingegen läßt sich anführen:

1) Ein unbedingtes Anpassen der Strafe an die Schuld ist im Zoll- und Steuerstrafrechte überhaupt eine Seltenheit. Dies wird besonders bewiesen durch die zahlreichen Schuldpräsumtionen auf diesem Gebiete und durch die Auferlegung der Geldstrafe als Vielfaches der im einzelnen Falle hinterzogenen Abgabe, Erscheinungen, die mit der erwähnten Strafrechtsparömie nicht in Einklang zu bringen sind.

Für unser Rechtsinstitut wurde die Unmöglichkeit dieser Übereinstimmung mit dem strafrechtlichen Grundsatz speziell ausgesprochen bei den Landtagsverhandlungen über das Branntweinsteuergesetz vom 24. April 1860.[1]) Es hieß damals, der Anreiz zum Gewinne sei hier so groß und werde auf so dunklen Wegen zu befriedigen gesucht, daß die gewöhnliche Art der Feststellung der Schuld nicht genüge.

2) Übrigens wird gerade hier die Größe der Schuld insofern berücksichtigt, als der Vertretungsverbindliche, wenn viele und hohe Strafen verwirkt wurden, nothwendigerweise einen besonderen Mangel an Diligenz, also eine ausnehmend hohe Verschuldung bewiesen hat, da er zu einer besonderen Sorgfalt verpflichtet ist, wenn die Möglichkeit großer Defraudationen gegeben ist. Nur wenn der Richter die Strafe wegen besonderer Umstände, die in der Person des primär Schuldigen liegen, wie z. B. wegen seines getrübten Leumundes, seiner besonderen Raffinirtheit erhöht, stimmen die beiden Faktoren der Schuld und Strafe nicht überein. Hier hilft ein anderes Merkmal unseres Rechtsinstituts, nämlich

3) Der Grundsatz der Subsidiarität der Vertretungsverbindlichkeit. Dieser reguliert die Strafvollstreckung nach dem

---

[1]) A. a. O. S. 843.

Maßstabe der Verschuldung. War die Schuld überwiegend auf Seite des Contravenienten und ist derselbe zahlungsunfähig, so läßt die zuständige Behörde die Freiheitsstrafe an Stelle der Geldstrafe treten. Erscheint jedoch der Vertretungsverbindliche als Hauptschuldiger, was, nachdem er fast immer den Vortheil des Deliktes, der andere aber nur die Gefahr desselben hat, meistens der Fall sein wird, wenngleich der wirkliche Nachweis der Thäterschaft schwer zu erbringen ist, so tritt die subsidiarische Haftpflicht in Wirksamkeit, und die Behörde macht dem eigentlich Schuldigen gegenüber von einer Art Begnadigungsrecht Gebrauch.[1])

Wenn nun Kronecker[2]) meint, die Steuerbehörde, die hier zu entscheiden hat, würde nur das Interesse des Fiskus wahren und immer die Geldstrafe einziehen, so vergißt er, daß dieser Behörde durch das Institut der Strafbescheide auch sonst ein großer Theil der in ihr Gebiet fallenden strafrechtlichen Verfügungen überwiesen ist. Daß eine staatliche Behörde die ihr übertragene Strafgewalt gerecht und unparteiisch ausüben wird, kann man, selbst wenn diese Behörde zugleich Vertreterin des Fiskus ist, erwarten und erzwingen.

4) Was ferner den Punkt anbelangt, daß, obwohl das Verschulden ein verschiedenes ist, doch die Strafhöhe sich lediglich nach dem Gesetze richtet, das der primär Schuldige übertreten hat, so läßt sich hiezu anführen, daß wir die gleiche Erscheinung im § 357 des R. Str. G. B. finden, wo ein Amtsvorgesetzter, der eine strafbare Handlung im Amte durch seine Untergebenen wissentlich geschehen läßt, die auf diese strafbare Handlung angedrohte

---

[1]) Nicht richtig erscheint es, wenn Binding vom Vertretungsverbindlichen als Unschuldigen spricht, indem er den Begriff „eigentlich Unschuldiger" als Gegensatz des vom Gesetzgeber gebrauchten Ausdrucks „eigentlich Schuldiger" ansieht. Der Ton liegt im Gesetze nicht auf Schuldig, sondern auf eigentlich und es soll nur gesagt sein, die Schuld des Vertretungsverbindlichen liege auf einem anderen Gebiete. In den älteren Gesetzen wurde auch nicht von einem „eigentlich Schuldigen", sondern vom „eigentlichen Verbrecher" gesprochen.

[2]) Vgl. Kronecker, l. c. S. 16.

Strafe verwirkt hat. Der Hauptunterschied des § 357 von unserem Falle besteht darin, daß dort die Strafe zweimal verwirkt wird.

Unser Rechtsinstitut verstößt demnach gegen das Grundgesetz des Strafrechts, daß die Strafe sich nach der Größe der Schuld bemessen soll, wenn überhaupt, so doch nur in so geringem Maße, daß deswegen an seiner Strafrechtsnatur nicht gezweifelt werden kann.

§ 5.

Stellung der subsidiarischen Vertretungsverbindlichkeit dritter Personen im Zoll- und Steuerstrafrecht.

Für die rechtliche Natur eines Rechtsinstituts ist es von großer Bedeutung, welche Stellung der Gesetzgeber demselben im Gesetze gegeben hat. Die subsidiarische Vertretungsverbindlichkeit findet sich nun in allen Zoll- und Steuergesetzen in demjenigen Abschnitte, der die Überschrift trägt: „Strafbestimmungen". Es ist allerdings zuzugeben, daß dieser Begriff im weitesten Sinne zu nehmen ist und alles umfaßt, was mit der Strafe im Zusammenhange steht, nämltch auch Strafvollstreckung und Strafverfahren. Unerfindlich wäre es jedoch, wie eine civilrechtliche Norm sich unter die Strafbestimmungen verirren sollte. Da aber diese Vertretungsverbindlichkeit auch dem Strafverfahren und der Strafvollstreckung nicht angehören kann, so kann sie nur dem Gebiete des Strafrechts einzuverleiben sein.[1])

§ 6.

§ 361 Z. 9 des Reichsstrafgesetzbuches und der Grundsatz: Ne bis in idem.

Kronecker[2]) führt als Hauptargument gegen die Straf-

[1]) Vgl. hierher die neueste Reichsgerichtsentscheidung auf diesem Gebiete, die zum gleichen Schlusse kommt. Urtheil des III. Straffenats vom 23. Mai 1887, Entscheidungen Bd. XVI, S. 109.

[2]) Vgl. l. c. S. 16.

rechtsnatur der subsidiären Vertretungsverbindlichkeit eine Verletzung des Grundsatzes ne bis in idem ins Feld. Der Vertretungsverbindliche würde nämlich aus § 361 Z. 9 und zugleich auch aus den Bestimmungen der Zoll- und Steuergesetze, also wegen der nämlichen That, zweimal bestraft.

Wie falsch dieser Einwand ist, geht schon daraus hervor, daß gerade § 361 Z. 9 eine große Stütze für die Annahme der Strafrechtsnatur bietet. Derselbe bestimmt, daß zu bestrafen sei, wer Kinder oder gewaltuntergebene Personen von der Begehung strafbarer Verletzungen der Zoll- und Steuergesetze abzuhalten unterläßt; die Vorschriften dieser Gesetze über die Haftbarkeit für die den Thäter treffenden Geldstrafen oder anderen Geldleistungen sollen hiedurch nicht berührt werden.

Wenn nun der Gesetzgeber nicht die Auffassung gehabt hätte, daß diese Vorschriften Strafen enthalten, wozu hätte er dann zu erwähnen brauchen, daß die Strafe des § 361 Z. 9 die etwaige Haftbarkeit nicht berührt? Eine nicht strafrechtliche Vorschrift würde ja eo ipso durch diesen Paragraphen nicht ausgeschlossen werden. Da man aber annehmen kann, daß der Gesetzgeber überflüssige und selbstverständliche Bestimmungen nicht trifft, so ist eben hier zum Ausdruck gekommen, daß derselbe die Vorschriften über die Haftbarkeit für die den Thäter treffenden Geldstrafen u. s. w. als strafrechtliche ansieht.

Was aber den Grundsatz ne bis in idem anlangt, so ist es richtig, daß „wenn eine That Gegenstand der Aburtheilung im ordentlichen gerichtlichen Verfahren gewesen ist, sie nicht zum Gegenstand einer nochmaligen Aburtheilung gemacht werden darf.“[1]) Allein dem steht doch nicht entgegen, daß der Gesetzgeber bestimmt, eine Verurtheilung aus § 361 Z. 9 sei nur eine theilweise Aburtheilung, und die letztere könne durch die Verurtheilung in Gemäßheit der Vorschriften der Zoll- und Steuergesetze über die Vertretungsverbindlichkeit für Geldstrafen ergänzt werden, da

---

[1]) Vgl. Rspr. des Reichsgerichts. Bd. 2, S. 301.

der strafrechtliche Inhalt der That durch die eine Aburtheilung noch nicht erschöpft worden sei. Eine andere Auffassung des § 361 Z. 9 scheint nicht denkbar und von einer Verletzung des Grundsatzes ne bis in idem kann demnach nicht die Rede sein.

§ 7.

Die subsidiarische Vertretungsverbindlichkeit juristischer Personen.

Die Anhänger der Civilrechtsnatur der subsidiarischen Vertretungsverbindlichkeit stützen ihre Theorie darauf, daß nicht nur physische, sondern auch juristische Personen haftungsverbindlich sind. So erklärt Borchert[1]), diese Haftbarkeit habe ihren strafrechtlichen Charakter ganz eingebüßt, wo ein nichtwillensfähiges Subjekt — denn nur ein Individuum könne willensfähig sein — in Frage komme, wo juristische Personen vertretungsverbindlich seien.

Abgesehen davon, daß die Vertretungsverbindlichkeit juristischer Personen — nämlich der Eisenbahnverwaltungen und Dampfschiffahrtgesellschaften für ihre Angestellten und Bevollmächtigten — sich nur im § 153 des Vereinszollgesetzes vom 1. Juli 1869 und im § 17 des Gesetzes, betr. die Statistik des Warenverkehrs vom 20. Juli 1869 findet, ist gerade der Hauptvertreter der civilrechtlichen Theorie — Liszt,[2]) auf den sich Borchert bei seinen Ausführungen stützt, ist der Ansicht, daß die Deliktsfähigkeit von Personenmehrheiten de lege ferenda rechtlich möglich und empfehlenswert ist. Der gleichen Ansicht ist eine ganze Reihe der namhaftesten Schriftsteller wie Baron, Beseler, Dahn, Dernburg, Gierke, in neuester Zeit Merkel. Die Deliktsfähigkeit juristischer Personen ist aber auch nicht nur ein urdeutscher Gedanke, der das ganze Mittelalter beherrscht hat und sich noch im baierischen Strafgesetz-

---

[1]) Vgl. Borchert, l. c. S. 2.

[2]) Liszt, l. c. S. 114. Außer den dort genannten ist noch Gierke, die Genossenschaftstheorie und Rechtssprechung, S. 771 ff., und Merckel, Lehrbuch des deutschen Strafrechts S. 49 ff. zu nennen.

buche von 1813 findet, sondern dieselbe hat sich auch einen ausgebreiteten Boden auf dem Gebiete des ausländischen, sowie des Völkerrechts erobert.

Richtig ist, daß nach den Bestimmungen des Reichsstrafgesetzbuches für die dort geregelten Materien eine Verbrechensthat seitens juristischer Personen undenkbar ist. Allein ebenso richtig erscheint es, daß im Gebiete des Landesstrafrechts und vor allem der strafrechtlichen Nebengesetze des Deutschen Reiches recht wohl die Möglichkeit gegeben ist, in dieser Richtung Bestimmungen zu treffen.[1]) Solche Bestimmungen sind auch nur zu billigen.

Selbstverständlich können keine Freiheitsstrafen juristischen Personen gegenüber zum Vollzug kommen, wohl aber Geldstrafen oder die Haftung für solche. Diese kann einer juristischen Person ebenso gut auferlegt werden, als im römischen Rechte derselben Familienrechte wie die potestas in servum[2]), das Patronat über-

---

[1]) Gerade das Vereinszollgesetz erklärt juristische Personen auch noch an einer anderen Stelle für deliktsfähig. Nach § 147 c, Abs. 2 sollen die zum Zwecke der Versicherung angelegten Fonds der Versicherungsgesellschaft der Konfiskation unterliegen. Daß diese Versicherungsgesellschaften sehr oft juristische Personen sind, kann ebensowenig als die Strafrechtsnatur dieser Bestimmung angezweifelt werden.

Die von Liszt und Merckel, die derartige Bestimmungen in den strafrechtlichen Nebengesetzen ebenfalls für möglich halten, für diese Ansicht angeführten § 35 des Genossenschaftsgesetzes vom 4. Juli 1868 und § 103, Z. 3 und 104ρ scheinen jedoch keine Strafbestimmungen zu enthalten. Nach diesen Paragraphen „kann" die Auflösung oder Schließung gewisser juristischer Personen erfolgen. Bei einem Können handelt es sich um Ermessensfragen und bei Ermessensfragen meist um Verwaltungssachen. Daß es sich hier um eine Verwaltungsnorm handelt, geht schon aus der Art des Verfahrens hervor. Nach § 103 und 104g l. c. geschieht die Schließung im Verwaltungswege; bezüglich des § 35 des Genossenschaftsgesetzes wurde die Streitfrage, ob der Weg des Civilprozesses (Entscheidungen des Reichsgerichts, Bd. 14, S. 29) oder des Strafprozesses einzuschlagen sei, durch § 79 des Gesetzes, betr. die Erwerbs- und Wirtschaftsgenossenschaften vom 1. Mai 1889, dahin entschieden, daß das Verwaltungsstreitverfahren zu wählen sei. Für die Nichtstrafrechtsnatur dieses Paragraphen spricht auch, daß dieselben nicht unter die Strafbestimmungen der beiden Gesetze aufgenommen wurden, sondern sich in anderen Abschnitten, zum Theil verwaltungsrechtlicher Natur, vorfinden.

[2]) Vgl. Böcking, Institutionen, Bd. 1, § 30, Anm. 7.

tragen werden konnte, als sie Trägerin von öffentlichen Rechten und Pflichten sein kann.[1])

Die Korporation — und nur um solche, nämlich Eisenbahnverwaltungen und Dampfschiffahrtsgesellschaften,[2]) kann es sich hier handeln — ist trotz aller Fiktionen doch nur eine Zahl einzelner Personen, die ein besonderes Rechtssubjekt bilden.

Ihering[3]) behauptet sogar, daß die Mitglieder die wahren Rechtssubjekte bilden.

In diesem fingierten Rechtssubjekte werden also durch Geldstrafen und durch die Haftung für solche einfach die sämtlichen Mitglieder getroffen.

Die Zurechnung macht demnach nur Schwierigkeiten, wo die verbrecherische That in einem positiven Handeln besteht. Denn hier wäre eine solche nur gerechtfertigt, wenn sämmtliche Mitglieder die Handlung begangen hätten. Die Zurechnung liegt dagegen ganz glatt, wenn, wie in unserem Falle, es sich um ein Unterlassungsdelikt handelt. Hier wurde die schuldhafte Unterlassung von sämmtlichen Mitgliedern begangen, weshalb es nur billig ist, das ganze Rechtssubjekt, d. h. die Gesammtheit derer, die es bilden, zur Strafe zu ziehen. Handelt es sich nun z. B. um eine Aktiengesellschaft, so war die Verpflichtung zur Unterlassung für die Mitglieder, die eine größere Anzahl Antheile besitzen, eine potenzierte, es muß sie demnach, wie thatsächlich geschieht, eine Strafe treffen, die sich je nach ihrem großen oder geringen Aktienbesitz erhöht oder vermindert.

---

[1]) Vgl. Windscheid, Lehrbuch des Pandektenrechts § 57, Anm. 1 und Roth, bayrisches Civilrecht, § 34.

[2]) Warum Löbe l. c. S. 109 behauptet, unter Handel- und Gewerbetreibenden (§ 153, Z. 1, d. B. Z. G.) seien auch juristische Personen, Handelsfirmen zu verstehen, ist unerfindlich. Diese Worte weisen im gewöhnlichen Leben nur auf physische Personen hin und hieße es, einem Strafgesetze Gewalt anthun, wollte man ohne zwingenden Grund eine derartige Interpretation anwenden.

[3]) Vgl. Ihering, Geist des römischen Rechts, Bd. 3, Abschn. 1, S. 356, 4. Aufl.

Dieser Strafmodus ist entschieden gerechter, als die Heranziehung des Vorstandes zur Strafe wäre. Denn ist dieser Mitglied der Gesellschaft, so trifft ihn die Strafe als solches eo ipso. Ist er, wie z. B. oft bei Aktiengesellschaften vorkommt, nicht Mitglied und hat er das fragliche Delikt nicht begangen, so wäre es eine schreiende Ungerechtigkeit, ihm die Strafe durch die Übertragung der Haftverbindlichkeit zu überbürden.

Hat er dagegen, wie in fast allen Fällen, das Delikt selbst begangen, so trifft ihn die Strafe schon als Thäter und es entstünde, wollte man ihn selbst und nicht die Gesellschaft haften lassen, der unhaltbare Rechtszustand, daß der Vorstand für seine eigene Geldstrafe subsidiär haften würde.[1])

Der einzig richtige und zweckmäßige Weg war demnach, die Eisenbahnverwaltungen und Dampfschiffahrtsgesellschaften selbst zur Vertretungsverbindlichkeit heranzuziehen.

Es entsteht nun weiter die Frage, ob ein Verschulden und welches seitens der beiden Gesellschaften des § 153, Z. 2 vorliegen muß. Während dort die übrigen Haftpflichtigen sich von der Vertretungsverbindlichkeit durch den Nachweis des Nichtwissens um das Zollvergehen befreien können, ist dieser Nachweis den Eisenbahn- und Dampfschiffahrtsgesellschaften nicht gestattet. Dies erklärt sich aus der Umständlichkeit, ja Unmöglichkeit dieses Nachweises bei einer sehr erheblichen Mitgliederzahl.

Der Gesetzgeber wollte also für den § 153, Z. 2 den Rechtszustand vor dem Vereinszollgesetz, nämlich die unbedingte Haftung aufrecht erhalten wissen. Bei dieser bestand, wie oben nachgewiesen, die Verschuldung in einer Unterlassung der Aufsichtspflicht, die mittelst einer praesumtio juris et de jure angenommen wurde.[2]) Es ist dies der einzige Fall, daß im geltenden Rechte die Schuldpräsumtion des älteren Rechtes noch vorkommt.

---

[1]) Bei Annahme der Civilrechtsnatur unseres Rechtsinstituts entstünde das nicht minder hübsche Kuriosum, daß der Fiskus („Eisenbahngesellschaften") dem Fiskus vertretungsverbindlich würde.

[2]) Auch das Reichsgericht nimmt an, daß im § 153, Z. 2 mindestens

§ 8.

Die unbedingte Vertretungsverbindlichkeit dritter Personen für die Steuern und Gefälle.

Die eben erwähnte Schuldpräsumtion galt nach dem Zoll- und Steuerstrafrecht bis zum Jahre 1868 gleichmäßig für die Vertretungsverbindlichkeit für Geldstrafen wie für Prozeßkosten und Steuern, bezw. Gefälle. Seither wurde jedoch hinsichtlich der Auferlegung der Vertretungsverbindlichkeit für Geldstrafen eine größere Sicherheit der Schuld des Haftpflichtigen verlangt, hinsichtlich der Steuern und Zollgefälle dagegen, soweit für dieselben nicht in Verbindung mit der Geldstrafe gehaftet wird, eine Vertretungsverbindlichkeit gerade dann für gegeben erachtet, wenn der Nachweis der Schuldlosigkeit erbracht wird oder der Beweis der Schuld mißlungen ist.

Soweit demnach die Vertretungsverbindlichkeit für die defraudierten Zollgefälle und Steuern allein in Frage kommt, haben wir es nach geltendem Rechte mit einer Erscheinung des öffentlichen Rechtes zu thun. Der Staat macht kraft seiner Finanzgewalt von seinem Rechte Gebrauch, die Steuer von einer dritten Person einzuziehen; es wird dagegen nicht, wie im § 153, Z. 2 des Vereins-Zollgesetzes mit einer Schuldpräsumtion operiert.

Die Grundsätze des Strafrechts können also bei der Vertretungsverbindlichkeit für die Steuern und Gefälle allein nicht Anwendung finden.

§ 9.

Die subsidiäre Vertretungsverbindlichkeit dritter Personen für Geldstrafen de lege ferenda betrachtet.

Daß diesem Rechtsinstitut der Platz innerhalb des Strafrechts einzuräumen ist, dürfte durch die vorstehenden Ausführungen

eine culpa in eligendo vorliegen müsse. R. G. Entsch. vom 28. Mai 1880, (Entsch. Bd. 2, S. 72). Ebenso Binding, Handbuch des Strafrechts § 105, Anm. 6. Warum allerdings hier gerade eine culpa in eligendo erforderlich sein und nicht jede Unterlassung der Aufsichtspflicht genügen soll, ist unerfindlich.

erwiesen sein. Trotzdem wird dasselbe für den Kriminalisten ein Sorgenkind bleiben, wenn der Gesetzgeber sich nicht entschließt, einige unwesentliche Bestimmungen, ohne an den schon aus Finanzzwecken unentbehrlichen Grundlagen zu rütteln, zu ändern.

Zunächst wäre der Zwitterbegriff der culpa in eligendo auszustoßen und durch das Erfordernis der Fahrlässigkeit im Sinne des R. Str. G. B. zu ersetzen. Hiedurch würde nur eine heilsame Erweiterung der Vertretungsverbindlichkeit erzielt und ein strafrechtlicher Begriff an die Stelle eines Verwirrung stiftenden civilrechtlichen gesetzt.

Als zweite Reform würde sich empfehlen, die durch Heranziehung des Vertretungsverbindlichen gewissermaßen ex lege eintretende Begnadigung des primär Schuldigen aufzuheben. Dies läßt sich durch die Bestimmung erreichen, daß für den Fall des Eintritts der Haftung der dritten Person trotz dieser Haftung an dem primär Schuldigen die Freiheitsstrafe vollzogen werden soll.

Ergeben sich Gründe, wie dies oft vorkommen wird, die Strenge des Gesetzes auf den letzteren nicht anzuwenden, so hat die für die Begnadigung gewöhnlich zuständige Instanz es in der Hand, von diesem ihren Begnadigungsrechte Gebrauch zu machen.

VI. Abschnitt.

Folgerungen aus der strafrechtlichen Natur der subsidiären Vertretungsverbindlichkeit.

§ 1.

Die Vertretungsverbindlichkeit und die Theilnahmelehre.

I. Es entsteht zunächst die Frage, ob der Vertretungsverbindliche Theilnehmer am Zoll- oder Steuerdelikte des primär Schuldigen ist. Diese Frage ist zu verneinen.[1]) Es ist oben nachgewiesen worden, daß wir es mit einer ganz anderen Gesetzesverletzung als mit dem vom primär Schuldigen begangenen Zoll- oder Steuerdelikte zu thun haben.

Der Vertretungsverbindliche kann also nicht durch Begehung seines Deliktes Theilnehmer an der von jenem begangenen That werden, denn die Voraussetzung der Theilnahme ist vorsätzliches Zusammenwirken zu *einer* Verbrechensthat.

Daß wir es nicht mit einer Theilnahme zu thun haben, geht auch daraus hervor, daß in den Zoll- und Steuergesetzen, in denen sich

---

[1]) So auch R. G. Entsch. Bd. 2, S. 72 vom 28. Mai 1886 und Löbe l. c. S. 108.

Bestimmungen über Theilnahme; finden, dieselben vollständig getrennt von denen über die Vertretungsverbindlichkeit dritter Personen behandelt werden.[1])

II. Daß der Vertretungsverbindliche auch haftbar ist für die mehreren Geldstrafen, wenn das Delikt, für dessen Strafe gehaftet wird, nicht nur von einem einzigen Thäter, sondern von verschiedenen Theilnehmern begangen wird, entspricht der Natur unseres Rechtsinstitutes.

Denn diese mehrfache Vertretungsverbindlichkeit rechtfertigt sich bei einer Fahrlässigkeit in der Auswahl ꝛc. deshalb, weil eine solche Fahrlässigkeit nicht nur bei einem, sondern mehreren Gehilfen u. s. w. stattfand.

Bei einem Mitwissen um die That aber war sich der Vertretungsverbindliche genau bewußt, daß er seine Aufsichts- und Abhaltungspflicht jedem einzelnen Theilnehmer gegenüber in Anwendung bringen mußte, wenn er nicht für die sämmtlichen Strafen haftpflichtig werden wollte.

Auch haftet er bei Fahrlässigkeit in der Auswahl der Gehilfen ꝛc. für alle während der Beschäftigung eines bereits wegen Defraudation bestraften Gehilfen nicht nur von jenem allein, sondern von dem gesammten Hilfspersonal verwirkten Strafen, weil er sich hat voraussagen müssen, daß durch Anstellung oder Beibehaltung dieses Gehilfen die Verführung des übrigen Personals eine intensivere und die Zahl der Steuerdelikte eine größere sein werde.

§ 2.

Ist Bestrafung wegen Thäterschaft oder Theilnahme und zugleich Heranziehung zur Vertretungsverbindlichkeit bei der nämlichen Person möglich?

Eine der umstrittensten und praktisch einschneidensten Fragen

---

[1]) Vgl. z. B. § 149 und § 153 des V. Z. G. Der erstere trägt die Ueberschrift „Lehre von der Theilnahme", der letztere „subsidiarische Vertretungsverbindlichkeit dritter Personen".

ist ferner die, ob der Thäter oder Theilnehmer am eigentlichen Delikt, wenn zugleich die Voraussetzung seiner Vertretungsverbindlichkeit gegeben ist, von beiden Gesichtspunkten aus, also zweimal zu strafen sei.

Nachdem nun, wie oben gezeigt, die Vertretungsverbindlichkeit keine Art der Theilnahme ist, ist der Fall allerdings möglich, daß auf eine Person zugleich die Bestimmungen über Theilnahme und über die Vertretungsverbindlichkeit Anwendung finden können. Die aufgeworfene Frage ist daher an und für sich zu bejahen.

Allein es ist hier zu unterscheiden:

1. Der Fall der Mitwissenschaft.

Hier kann eine derartige zweifache Bestrafung nie in Anwendung kommen. Denn

a) die strafbare Handlung qualifiziert sich als ein einfaches Mitwissen um die That, also um eine Nichtausübung der Aufsichtspflicht dadurch, daß der Vertretungsverbindliche von der Begehung eines Zoll- oder Steuerdeliktes Kenntnis erhält und dasselbe nicht verhindert. Hier liegt noch keine Theilnahme vor, und es tritt daher nur die Vertretungsverbindlichkeit ein.

b) Die strafbare Handlung qualifiziert sich als Theilnahme an einem Zoll- oder Steuerdelikt. Hier liegt nothwendig zugleich ein Mitwissen um die That seitens des Theilnehmers vor. Es kann sich dabei nur fragen, ob durch die eine Handlung mehrere Strafgesetze (ideale Concurrenz) oder ein Strafgesetz (Gesetzconcurrenz) verletzt worden sind, was sich praktisch ganz gleich bleiben wird, da in beiden Fällen das durch die Theilnahmehandlung verletzte Gesetz in Anwendung kommt.

Das Richtige ist übrigens, daß Gesetzesconcurrenz vorliegt. Denn im dolus muß das Wissen um die That immer enthalten sein, bei Fahrlässigkeit aber kommt eine Theilnahme nicht in Frage.

Auch hier kann also eine derartige zweifache Bestrafung nicht vorkommen.[1])

2) Der Fall der culpa in eligendo.

Dieser ist ganz analog dem sub 1b) angeführten zu behandeln, wenn jemand durch eine Handlung sowohl ein gewöhnliches Zoll- oder Steuerdelikt begeht, als, wie dies hiebei nothwendiger Weise geschieht, sich durch die culpa in eligendo vertretungsverbindlich macht.

Fällt jedoch jenes Delikt und die culpa in eligendo zeitlich auseinander, so haben wir es mit zwei Verbrechensthaten zu thun, und die Folge ist eine zweimalige Bestrafung.

3) Der Fall der Nichtabhaltung vom Zoll- und Steuerdelikt (§ 32 des Branntweinsteuer-Gesetzes vom 24. Juni 1887) ist nach den sub 1) entwickelten Grundsätzen zu behandeln.

§ 3.

Art des Verfahrens bei Feststellung der subsidiären Vertretungsverbindlichkeit dritter Personen.

Nachdem wir es mit einem Institute des Strafrechts zu thun haben, ist auch das Strafverfahren in Anwendung zu bringen. Maßgebend ist hiefür die Reichsstrafprozeßordnung, insbesonders die §§ 459 ff.

Ist ein richterliches Erkenntnis über die Vertretungsverbindlichkeit erforderlich, so bestimmt sich der Gerichtsstand für den Vertretungsverbindlichen ganz selbstständig, ohne Rücksicht auf den primär Schuldigen, nach den Vorschriften über die Zuständigkeit des Strafgerichts. Auch die Vorschrift des § 13 der R. Str. Pr. O.

---

[1]) Anderer Meinung Löbe l. c. S. 108, R. G. Entsch. Bd. 3, S. 105 ff., Liszt l. c., S. 230, Erk. d. preuß. Obertrib. v. 23. Sept. 1870, (Oppenhoff, Rspr. Bd. 11).

kann nicht Anwendung finden, weil der Vertretungsverbindliche nicht Theilnehmer ꝛc. am Delikte des primär Schuldigen, eine zusammenhängende Strafsache gemäß § 3 eod. also nicht gegeben ist.

Seltsamer Weise bestreiten die Anhänger der Civilrechtsnatur unseres Rechtsinstituts die Zulässigkeit des Strafverfahrens nicht, obwohl die Annahme der Zuständigkeit der Civilgerichte eine der wichtigsten Konsequenzen ihrer Theorie wäre.[1])

§ 4.

Beziehung des Vertretungsverbindlichen zum primär Schuldigen.

Durch die Heranziehung des Vertretungsverbindlichen zur Entrichtung der Strafe wird ein Rechtsverhältnis zwischen ihm und dem primär Schuldigen überhaupt nicht erzeugt. Der erstere büßt dem Staate für sein Verschulden und es ist für seine Stellung zum eigentlichen Kontravenienten gleichgültig, daß auch dieser Strafe verwirkt hat.

Daraus ist aber zu folgern, daß der Vertretungsverbindliche einen Regreßanspruch gegen den primär Schuldigen auf die Zahlung der von ihm entrichteten Strafe nicht besitzt und auch nicht berechtigt ist, sich aus einer etwa von diesem gestellten Kaution zu befriedigen.

Auch ein Vertrag, der dahin geht, daß der primär Schuldige sich verpflichtet, die vom Vertretungsverbindlichen geleistete Strafe, sobald er dazu im Stande ist, zu ersetzen, ist als nicht zu Recht bestehend zu erachten. Denn der Vertretungsverbindliche erleidet die Strafe der Haftung für die Geldstrafe wegen seines

---

[1]) Die Strafsenate des Reichsgerichts haben selbst bei den Entscheidungen, in denen sie die subsidiäre Vertretungsverbindlichkeit als zum Strafrecht nicht zugehörig betrachteten, doch nicht Zweifel an ihrer Zuständigkeit gehabt, obwohl E. G. zur R. Str. Pr. O. § 3, Abs. 1 bestimmt, daß die Str. Pr. O. nur Anwendung auf Strafsachen findet. Ebenso Löbe l. c.

eigenen Deliktes, und ein Vertrag, wonach jemand die von einem anderen verwirkte Strafe übernimmt, erscheint als unsittlich, da er „auf die Hinderung des Gebotenen“ [1]) (daß nämlich der die Strafe trage, der sie verwirkt hat) gerichtet ist.

§ 5.

Verjährung und Begnadigung.

Da wir es mit einem selbstständigen Delikt des Vertretungsverbindlichen zu thun haben, läuft die Verjährung zu seinem Gunsten vollständig unabhängig von derjenigen zu Gunsten des primär Schuldigen.[2]) Unterbrochen wird also gemäß § 68 des R.-Str.-G.-B. die Verjährung durch eine Handlung des Richters, welche wegen der begangenen That gegen den Thäter gerichtet ist, nur rücksichtlich desjenigen, auf welchen die Handlung sich bezogen hat.

Es kann sohin sehr wohl das Delikt des Vertretungsverbindlichen, nicht aber dasjenige des „eigentlich Schuldigen“ verjährt sein.

Die Vollstreckungsverjährung insbesonders beginnt für den subsidiär Haftenden mit dem Tage, an welchem das Urteil, das die Vertretungsverbindlichkeit ausspricht, rechtskräftig geworden ist. Es ist daher der Fall denkbar, daß die Strafvollstreckung in dem Zeitpunkte, in dem feststeht, daß die Geldstrafe von dem primär Haftenden wegen Unvermögens nicht beigetrieben werden kann, bereits verjährt und sohin der Vollzug der Strafe der subsidiarischen Vertretungsverbindlichkeit nicht mehr möglich ist. Die Voll-

---

[1]) Vgl. Windscheid, Lehrbuch des Pandektenrechts § 314 und die in Anm. 4 citierten Stellen. Dernburg, Pandekten, Bd. 2, S. 16.

[2]) Im Resultate ebenso Entscheidungen des Reichsgerichts vom 25. Mai 1882 (Entsch. Bd. 6, S. 382 ff.). Anderer Meinung ist Binding l. c., Anm. 10, der unter analoger Anwendung der Grundsätze des Bürgschaftsrechts die Verjährung des Delikts des primär Schuldigen auch für die Verjährung der Vertretungsverbindlichkeit für maßgebend hält, ferner Liszt l. c., der die Regeln des Civilrechts über Verjährung in Anwendung bringen will.

streckungsbehörden werden daher gut daran thun, den Versuch, die Geldstrafe an dem eigentlich Schuldigen beizutreiben, möglichst bald zu bethätigen und im Falle des Unvermögens des Letzteren sofort gegen die Vertretungsverbindlichen vorzugehen.

Aus dem nämlichen Grunde wie die Verjährung kann und muß eine Begnadigung des Vertretungsverbindlichen ganz unabhängig von derjenigen des primär Schuldigen eintreten und umgekehrt.

Wird der Vertretungsverbindliche begnadigt, so verschlechtert sich die Lage des primär Schuldigen insofern, als im Falle der Uneinbringlichkeit der Geldstrafe sofort die Freiheitsstrafe an deren Stelle gesetzt wird.

Wird dagegen der primär Schuldige begnadigt, so übt dies immerhin eine Reflexwirkung auf den Vertretungsverbindlichen insofern aus, als dann die Strafe auch gegen ihn nicht mehr vollstreckt werden darf. Die einschlägigen Gesetzesbestimmungen ordnen den Eintritt der subsidiarischen Vertretungsverbindlichkeit für den Fall des Unvermögens des „eigentlich Schuldigen" an. Kann also die Geldstrafe von dem letzteren aus einem anderen Grunde, hier der Begnadigung wegen, nicht eingezogen werden, so kann auch die Strafe der subsidiarischen Vertretungsverbindlichkeit nicht mehr zum Vollzug kommen. Dies wäre vielmehr nur dann möglich, wenn die Begnadigung sich nur auf die eventuell eintretende Freiheitsstrafe, nicht aber auf die Geldstrafe bezöge.